描かれた"一本松"の洋風邸宅
南山手の丘に建つ新時代の城に見えた

落合素江が描いた1878年(明治10)ごろのグラバー邸。
「グラバー園」はここからはじまった (長崎県立長崎図書館蔵)

■ グラバー園のあゆみ

1863年(文久3)	南山手3番地にグラバー邸完成
1939年(昭和14)	グラバーの息子、倉場富三郎がグラバー邸を三菱長崎造船所に売却
1957年(昭和32)	三菱長崎造船所が創業100周年記念事業でグラバー邸を長崎市に寄贈
1958年(昭和33)	長崎市、グラバー邸を一般公開
1965年(昭和40)	長崎市、旧リンガー住宅を購入し翌年一般公開
1966年(昭和41)	旧グラバー住宅の修復工事はじまる
1968年(昭和43)	旧グラバー住宅の修復工事が終わる
1970年(昭和45)	長崎市「長崎明治村」構想を発表 長崎市、旧オルト住宅を購入
1971年(昭和46)	グラバー邸地区観光施設整備第1期工事完了
1972年(昭和47)	三菱長崎造船所、第2ドックハウスを長崎市に寄贈、移築 海星学校、旧スチイル記念学校を長崎市に寄贈
1973年(昭和48)	長崎市、馬町の旧自由亭を購入し翌年移築
1974年(昭和49)	南山手の旧ウォーカー住宅と東山手の旧ステイル記念学校を移築 グラバー邸地区観光施設整備第2期工事完了。名称を公募、「グラバー園」に
1975年(昭和50)	長崎市、片淵の旧長崎高等商業学校表門守衛所を購入し翌年移築
1977年(昭和52)	旧オルト住宅の修復工事はじまる 長崎市、万才町の旧長崎地方裁判所長官舎を購入し2年後に移築
1979年(昭和54)	旧オルト住宅の修復工事が終わり一般公開
1981年(昭和56)	長崎伝統芸能館オープン
1990年(平成2)	長崎市、「伝統的建造物群保存地区保存条例」公布
1991年(平成3)	東山手と南山手が国の「重要伝統的建造物群保存地区」に選ばれる
1996年(平成8)	イタリアのルッカ県とマダム・バタフライ・コンクール協会がジャコモ・プッチニー像をグラバー園に寄贈
2009年(平成21)	旧グラバー住宅が世界遺産候補の構成資産に選ばれる
2015年(平成27)	世界遺産「明治日本の産業革命遺産」として登録される
2021年(令和3)	約3年間におよぶ旧グラバー住宅の保存修理工事が終わる

現代のグラバー園マップ
洋風建築のテーマパークに立ち日本のあけぼのを眺める

3万平方メートルの敷地をもつグラバー園は、建設当時からの場所にある3棟の個人住宅と移築された6棟の洋風建築物からなる、日本のあけぼのを展観できる野外博物館である。

旧グラバー住宅 (P.4〜13)

旧リンガー住宅 (P.28〜41)

旧オルト住宅 (P.16〜25)

長崎伝統芸能館 (P.53)

旧スチイル記念学校 (P.52)

グラバー家のアルバム

旧グラバー住宅には
維新の風が吹いている

昭和30年代ごろの旧グラバー住宅
（著者蔵）**とグラバー家の人々**（長崎歴史
文化博物館蔵）

トーマス・ブレイク・グラバー

妻・淡路屋ツル

長男・倉場富三郎

富三郎の妻・ワカ

長女・ハナ

① 旧グラバー住宅

貿易と国際交流をになう"新時代の城"

建築当時の場所にある旧グラバー住宅は、日本の夜明けの舞台となった往時と変わらず、いまも独特の外見と雰囲気をただよわせている。

旧グラバー住宅

世界遺産候補　暫定リストに載る

1961年（昭和36）に国指定重要文化財となった旧グラバー住宅は2015年（平成27）に「明治日本の産業革命遺産」に登録された。「製鉄・鉄鋼、造船、石炭産業の構成資産」と認められた。日本最古の洋風建築というステータスが登録された理由というが、元住民が日本に西洋の先進技術を伝えてこの国の近代化に貢献した歴史も評価に値するといえる。

「IPPONMATSU」は日本最古の木造洋風建築

スコットランド人事業家、トーマス・B・グラバーの旧邸は日本における最古の洋風建築としてもとの位置に建っている。旧グラバー住宅は、1863年（文久3）に大工棟梁の小山秀之進（こやまひでのしん）によって建設された当初から、居留地では最も美しく立地条件の良い家だった。南山手3番地に位置するその前代未聞の建物は、鍋冠山（なべかんむりやま）の中腹から長崎港を見下ろす、まるで貿易と国際交流をつかさどる新時代の城のようだった。

建設当初はL字型の平屋だったこの木造住宅は、端部が独特な半円形を描く寄棟式屋根、石畳の床面に木製の独立円柱、菱格子の天井をもつ広いベランダを誇る。屋根は日本瓦でおおわれ、壁は日本の伝統的な土壁だった。

一方、室内は典型的な西洋風の造りになっていて、前方にはリビングルームとダイニングルーム、奥にはイギリス式暖炉のある寝室と厨房や倉庫などがあった。およそ5300平方メートルの南山手3番地の敷地には、家の下にある日本庭園に岩でできた池や藤の花が咲く格子垣などがあった。

グラバーは庭にあった大木の松にちなんで、自宅のことを「IPPONMATSU（一本松）」と呼び、家の北側に松の樹幹を取り囲む小さな温室を造った。威厳のある古木はのちに病気にかかり枯れ、1905年（明治38）に切り倒されてしまった。

グラバーは1876年（明治9）に三菱の顧問として東京に移住するまで、この南山手3番館を自宅兼ゲストハウスとして利用していた。永久に長崎を離れるつもりだったのか、地元の英字新聞に家の売却広告を出したが、結局は売らずに持ちつづけ、長崎にいないときは外国人居留者に貸し出すようになった。明治期にこの家を借りた居留者の中には、長崎のイギリス領事とドイツ領事も含まれていた。

その後、グラバーの息子、倉場富三郎と妻のワカは、1909年（明治42）から1939年（昭和14）に長崎三菱造船所に売却するまで、自宅として利用していた。

■改築後の旧グラバー住宅平面図

ベランダ

当初の簡素な造りから増築をくり返して住宅用になった ①

①長崎市教育委員会蔵　②デイビッド・カーマイケル氏提供　③長崎歴史文化博物館蔵

1866年(慶応2)ごろの旧グラバー住宅。愛称「IPPONMATSU」の由来となった松の木がそびえ立っている ②

1902年(明治35)ごろの旧グラバー住宅。当時はホーム・リンガー商会の社員、P・J・バックランド一家が借りて住んでいた ③

グラバー家の人々
ありし日の家族の肖像

勲二等旭日重光章を授与された
トーマス・グラバー ①

妻・淡路屋ツル。1899年（明治32）に東京で他界。
享年51 ②

グラバーと結婚間もないころの長男・倉場富三郎、ワカ夫妻 ②

①著者蔵　②長崎歴史文化博物館蔵

1902年(明治35)ごろグラバー邸の前庭にて。前列左から、グラバーの妹・マーサ、長女・ハナ、富三郎の妻・ワカ。後列左から、富三郎、グラバーの弟・アルフレッド、グラバー ②

長女・ハナとウォルター・ベネットの結婚式。新郎の後ろに立っているグラバーはツル夫人の腕に手を添えている。右端はフレデリック・リンガー夫妻。1897年(明治30)1月。グラバー邸の前庭 ②

❷ トーマス・グラバーと倉場富三郎の仕事

日本の近代化のタネをまく

トーマス・グラバーは数々の西洋の近代技術を日本に紹介し、この国の発展に寄与した。息子の倉場富三郎も日本の漁業界に革命を起こし、国際交流にも力をそそいだ。

ジャーディン・マセソン商会

ジャーディン・マセソン商会は1832年(天保4)、ウィリアム・ジャーディンとジェームス・マセソンが中国の広州で創業した貿易商社である。1841年(天保11)にイギリスの植民地だった香港に本社を移した。おもな業務はアヘンの密輸とイギリスへの製茶の輸出。

ケネス・ロス・マッケンジー

開港直後の1859年(安政6)にジャーディン・マセソン商会の代理人として長崎にやってきたのが、スコットランド人冒険商人ケネス・ロス・マッケンジーである。1861年(文久元)に彼が長崎を去ったあと、グラバーが同社の仕事を受け継いだ。
マッケンジーはグラバーに、貿易商として独立することを勧めているが、このことからも、マッケンジーがグラバーの将来性をいかに嘱望していたかがわかる。

21歳で来崎し、日本に骨をうずめた父

　グラバーは1838年にスコットランドのフレーザーバラで生まれ、1859年(安政6)9月、ジャーディン・マセソン商会の事務員として21歳の若さで長崎に来た。1861年(文久元)に独立し、翌年グラバー商会を創立。日本茶、樟脳、角材などを輸出し、日本南西部の各藩が要求する蒸気船、機械、銃器などを輸入した。

　グラバーは近代技術を日本に紹介し、それに関係する機械類を輸入し、イギリス人の専門家を雇った。長崎の近くにある小菅に日本初の修船所と、日本初の近代的な炭鉱を高島に開設する手助けもした。また、居留地の大浦海岸通りに鉄道を敷き、小型の蒸気機関車を走らせて見物に集まってきた日本人を驚かせた。さらに、スコットランド人技師を雇い、日本初の灯台を建設したり、日本ではじめての造幣機を香港から輸入する仲介も果たした。

　日本市場でのビールの成長性に注目したグラバーは、売りにだされていた「スプリング・バリー醸造所」を買収し、1885年(明治18)に「ジャパン・ブルワリー・カンパニー」を創業。3年後に新製品を市場に送りだした。のちに同社は三菱に売却されて「麒麟麦酒株式会社」(現・キリンホールディングス)と社名も変わり、いまにいたっている。

　なお、キリンビールのラベルについては、旧グラバー住宅の温室の入口にある狛犬がそのモデルだという説があるが、イギリスのロンドン郊外で1845年からビールを醸造しているフーラー社のロゴからヒント

27歳ごろのトーマス・グラバー。
長崎の写真館にて ①

日本初のドック、小菅修船所はグラバーの助力で完成した ②

①長崎大学附属図書館蔵　②長崎歴史文化博物館蔵　③著者撮影

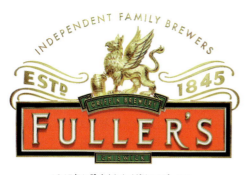

1845年に設立されたイギリスのビールメーカー、フーラー社のラベル。ライオンの胴体に鷲の頭と羽根をもつ「グリフィン」こそが麒麟のモデルと考えられる

キリンビールのラベル。麒麟の口ひげは、太い口ひげがトレードマークだったグラバーの貢献に敬意を表したものと伝わっている

を得た可能性のほうが高い。同社のロゴには麒麟と同じような伝説の奇獣であり、ライオンの胴体に鷲の頭と羽根をもつ「グリフィン」が使われている。

　グラバーは本業のほかにも、長崎居留地内にできた商業会議所（P.64参照）の初代役員やポルトガル名誉領事なども務めた。さらに、幕末期には薩長の若い侍たちを秘密裏に出国させ、イギリス留学に手を貸した。これらの若者の中には、その後、初代総理大臣になり、生涯グラバーと親交を結んだ伊藤博文も含まれている。

　上昇気流に乗ったグラバー商会だったが、1870年（明治3）、多額の負債をかかえて倒産した。スポンサーのジャーディン・マセソン商会が資金援助をとりやめたことが、倒産への引き金となった。日本に残ったグラバーは上京して三菱社の顧問となり、急速に発展する近代産業にかかわっていった。

　1908年（明治41）、明治政府はグラバーの日本への貢献をたたえ外国人、特に商人には破格の勲二等旭日重光章を贈った。伝説の人となったグラバーは1911年（明治44）に東京で死去し、長崎市の坂本国際墓地に埋葬された。

語学力を生かして活躍した息子

　長崎市役所に保管されている戸籍によると、トーマス・グラバーが1870年（明治3）12月8日、グラバー商会が破産した数カ月後に、加賀マキという日本人女性との間に息子を授かったことが示されている。資料は乏しいが、その子は英名「トミー」にちなんで「富三郎」とよばれ、グラバーの妻・淡路屋ツルに育てられたようだ。

　富三郎は少年時代、長崎居留地東山手地区のメソジスト系男子校、鎮西学院に通った。東京の学習院で学んだあと、1888年（明治21）にオハイオ・ウェスレヤン大学に入学するため渡米した。その2年後

少年富三郎。この時点では、まだ正式な日本人「倉場富三郎」ではなかった ②

グラバー園への招待

11

旧グラバー住宅には維新の風が吹いている

倉場富三郎の結婚

1899年(明治32)6月、富三郎はイギリス人商人のジェームズ・ウォルターと日本人女性の中野エイ夫妻の次女・中野ワカと結婚し、グラバー邸で式を挙げた。ウォルターとグラバーは個人的にも、また実業界でも親密な関係にあった。

ワカは彫りの深い顔だちからすぐに混血と見分けられ、社交的で西洋風の好みをもっていた義理の妹・ハナとは違って、つねに日本髪を結いあげ和服を着こなしていた。富三郎とワカは子宝に恵まれなかった。ワカは1943年(昭和18)に他界した。

「グラバー魚譜」

倉場富三郎は「日本西部及び南部魚類図譜」と題され、俗に「グラバー魚譜」とよばれる写生図鑑の作成で知られる。多年の労力の結晶であるその魚譜は、558種の魚を写生した700枚の図譜、さらに123枚の貝および鯨の図譜を含む合計823枚からなっている。

富三郎が大学時代から生物学に興味をもったことからはじまったこの企画は、数人の地元の画家が20年以上もの歳月をかけて完成させた。現在は長崎大学附属図書館に保存されており、日本4大魚譜のひとつに数えられる。

に、彼の友人だった岩崎久弥(のちの三菱社3代目社長)も通ったペンシルベニア大学に移籍した。

富三郎は1892年(明治25)に長崎に戻り、ホーム・リンガー商会(P.34参照)に就職した。その後、日本国籍をとり、公式に「倉場富三郎」となった。この倉場という姓は「グラバー」をもじって創られたものであることは明らかである。

温厚で几帳面だった富三郎は、語学力を生かしホーム・リンガー商会で活躍した。重要な業績のひとつは、汽船漁業会社を立ちあげて日本にはじめてトロール船を導入し、20世紀初期の日本の漁業界に革命を起こしたことである。また、国際交流に心血をそそぎ、長崎が商業と観光両方の拠点になるように尽力した。1899年(明治32)に設立された「長崎内外倶楽部」の発起人であり、1934年(昭和9)に雲仙を日本初の国立公園に導いた中心人物でもある。

国際理解を深めようとした富三郎の努力とは裏腹に、日本の軍備拡大にともなう昭和初期のアメリカとイギリスに対する敵意の増長は、長崎に暗い影を落とした。1939年(昭和14)に富三郎は旧グラバー住宅を三菱長崎造船所に売り渡し、南山手9番地に移った。

1945年(昭和20)8月26日に南山手の自宅で自殺し、長崎とグラバー家の関係が悲劇的な結末を迎えた。終戦からわずか数日後に自殺したのは、たんなる絶望からではなく、戦いにおいて根本的にどちらの側にもつくことができない心の葛藤があったからだと考えられる。つまり、富三郎は日本人でありイギリス人でもあるという、まさに長崎ならではの文化を映す人物であるが、この文化は戦争とは相いれないものなのである。

グラバー家と倉場家の墓は、坂本国際墓地で現在も隣どうしで寄り添っている。

倉場富三郎とワカ夫妻。1940年(昭和15)。右下に押されている「長崎要塞司令部検閲済」の印が暗黒の時代をものがたる ②

『グラバー魚譜』の表紙 ①

①長崎文献社蔵　②長崎歴史文化博物館蔵　③著者撮影

南山手3番地（旧グラバー住宅）歴代借地権者および居住者一覧

	借地権者および居住者	備考
1861年	トーマス・B・グラバー（英） Thomas B. Glover	最初の永代借地権者。グラバー商会創業。現存する住宅、旧グラバー住宅を1863年（文久3）に建設。1876年（明治9）に東京へ移るが、たびたび長崎に戻って「IPPONMATSU」に滞在。1911年（明治44）に東京で死去し、遺骨は長崎市の坂本国際墓地に納められている
1911年	倉場富三郎	トーマス・グラバーの長男。1911年（明治44）の父親の死後、妹のハナとともに所有権を譲り受ける。その後、単独所有者となり、1939年（昭和14）春に売却するまで居住
1939年	三菱長崎造船所	倉場富三郎より土地と建物を購入、「大浦社宅」として利用。建物は1945年（昭和20）9月、アメリカの進駐軍に接収され、1951年（昭和26）ごろまで軍関係者住宅として利用された
1957年	長崎市	三菱長崎造船所が創業100周年を記念して1957年（昭和32）10月、旧グラバー住宅の主屋と付属屋の敷地（約5300平方メートル）を無償で長崎市に寄贈

明治の中ごろ。増築された温室の屋根から老松が突きだしている ②

旧グラバー住宅の目印になっていた老松は1905年（明治38）に伐採された ②

坂本国際墓地にあるグラバー家（右）と倉場家の墓碑 ③

現在の旧グラバー住宅 ③

旧グラバー住宅ものがたり
「マダム・バタフライ・ハウス」大人気になる

夢想が創りだした愛称

　1945年（昭和20）9月、長崎に上陸したアメリカの進駐軍が旧グラバー住宅を接収し、「JPNR1163」というコードネームをつけた。

　1951年（昭和26）に進駐軍が去るまで、数人のアメリカ軍人がこの家で暮らしたが、最後の住人となったのが第2海兵師団特別陸戦隊の隊員であり、その後、長崎軍政班の経済部長になったジョセフ・C・ゴールズビー大佐とその妻バーバラである。

　独特な洋風建築と長崎港を一望できる景色に魅了されたバーバラは、自分がオペラ「マダム・バタフライ」のヒロインの家に住んでいるのだと夢想し、旧グラバー住宅に「マダム・バタフライ・ハウス」という愛称をつけた。1948年（昭和23）8月10日付の毎日新聞は、「お蝶夫人の宅跡発見」と題する記事をバーバラ夫人の写真入りで紹介している。

　グラバー家とオペラ「マダム・バタフライ」には歴史的な関係はない。しかし、長崎はジャコモ・プッチーニが作曲した有名なオペラの舞台であり、旧グラバー住宅は、悲劇のヒロインが港を見下ろし、アメリカ人の恋人を待ちつづける場面を連想させるのはたしかである（P.26参照）。

　進駐軍が去ったあと、旧グラバー住宅はふたたび三菱長崎造船所の手に戻った。実は、旧グラバー住宅は1939年（昭和14）に、グラバーの息子・倉場富三郎が三菱に売却したという経緯がある。三菱は返還されたこの家をゲストハウスとして使うことを考えていた。

　ところが、本や雑誌、観光パンフレットなどがこの建物を取り上げるにおよんで状況が一変した。トーマス・グラバーの旧宅としてではなく、「マダム・バタフライ・ハウス」として紹介したからである。歴史的根拠に乏しいものの、こうした一連の施設紹介が人々の興味や関心を誘い、「マダム・バタフライ・ハウス」をひと目見

毎日新聞に載った、日傘をさしてポーズをとるバーバラ夫人 （著者蔵）

旧グラバー住宅の庭に立つ米進駐軍関係者。中央がゴールズビー大佐 （レイン・アーンズ氏提供）

1955年(昭和30)ごろのグラバー邸の絵はがき。「お蝶夫人ゆかりの地」として紹介している　（著者蔵）

ある郷土史家の告白

　1953年(昭和28)11月5日、オペラ「蝶々夫人」の公演がはじめて長崎でおこなわれた際、主演のソプラノ歌手、長門美穂が宣伝のために旧グラバー住宅を訪れ、庭から港を見下ろしてアリアを1曲歌った。長崎の郷土史家・島内八郎は、オペラ公演のプログラムに掲載された「来演の喜び」と題するメッセージに次のように書いた。

　「バターフライはフィクションであるか否かについて郷土史家達は大いに論議した。その場所がグラバー邸であるか否かについてはもっとひどく論議した。その最中あれはグラバー邸にして置こう、などと云い出したのは実は前長崎裁判所長石田壽先生や私で、感覚的にふさわしいというのが理由なのである。しかし少ししろめたいので『お蝶夫人ゆかりの庭』なんてやったが、昨今では（主として）私を罵る声が高いので『お蝶夫人を偲ばせる庭』とでも改名したらと考えている」

海外で葉巻のラベルにまで使われたマダム・バタフライのモチーフ。不正確な描写が印象的　（著者蔵）

特集 Ⅱ　オルト家のアルバム

南山手の豪邸から
お茶の香りがただよってくる

1865年（慶応元）に建設されたころの旧オルト住宅（サム・ハント氏提供）

ウィリアム・ジョン・オルト　妻・エリザベス　長女・メープル

エリザベスの顔写真は長崎市蔵、他はすべてデイビッド・カーマイケル氏提供

① 旧オルト住宅

優美な和洋折衷の石造り住宅

1972年(昭和47)に国指定重要文化財となった旧オルト住宅は、日本最古の石造り住宅として、幕末の香りと優美な和洋折衷の建築文化をいまに伝えている。

旧オルト住宅の住人たち

フレデリック・リンガーが旧オルト住宅を購入したのは1903年(明治36)。4年後に彼が他界してのちは未亡人のカロリーナが、第1次大戦中の募金バザーやイベント会場として使った。カロリーナ亡きあとは長男のフレデリック二世一家の住まいとなり、1941年(昭和16)の初頭まで暮らしていた。

その後、旧オルト住宅は香焼島(こうやぎじま)で造船業を営む川南工業の社宅となり、終戦直後の米軍への供出をはさんで、ふたたび川南工業の手に戻り、アパートとして使われつづけていた。(P.25参照)。

広い敷地に囲まれた眺めのいい部屋

旧グラバー住宅のほうが知名度は高いが、ウィリアム・オルトが南山手14番地に建てた家は、旧長崎外国人居留地の中では最も広い敷地をもつ個人住宅である。施工は天草の大工棟梁で、東山手11番地の英国教会堂(1862年[文久2])、旧グラバー住宅(1863年[文久3])、大浦天主堂(1864年[元治元])などの建設で知られる小山秀之進である(P.68参照)。

小山によって保管されていた資料には、1863年に描かれた旧オルト住宅の平面図がある。平面図は簡単な間取りを示し、寸法はフィートとインチで表されている。しかし、あとから小山か彼の同僚が筆で日本式の寸法を書きくわえている。

この間取り図が外国人建築家と日本人大工の協力でできているように、旧オルト住宅は天草の砂岩でできた基礎やベランダの石畳、石積みの外壁、ベランダをめぐるタスカン様式の列柱、正面から突きでた破風造りのポーティコや日本瓦でおおわれた屋根など、ユニークな和洋折衷のデザインとなっている。廊下の両側に配された部屋は比較的小さいが高い天井と大きな窓があり、港の景色がよく見えるようになっている。厨房とメイド部屋があるレンガ造りの別棟は屋根つきの廊下で母屋とつながっており、別棟の裏には岩盤をくりぬいて造られた天然の貯蔵庫がある。

オルト一家は、1865年(慶応元)からオルト商会(P.22参照)大阪支店を開設するため大阪に移住する1868年(明治元)までの間、この家を自宅として使っていた。その後、住人は移り変わり、リンガー家の住まいとなった。1970年(昭和45)、長崎市は南山手14番館を購入し、修復工事を経て一般公開した(P.54参照)。

現在の旧オルト住宅平面図

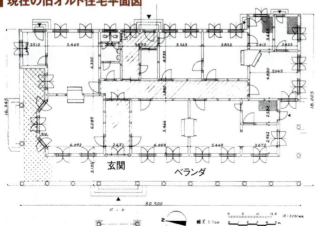

長崎居留地では珍しいバスルームつきの主寝室がある ①
①長崎市教育委員会蔵　②著者蔵　③リチャード・ビュルグフェルト氏提供

A BEAUTIFUL EUROPEAN RESIDENCE AT NAGASAKI

旧オルト住宅は、アメリカ・シカゴの世界百科事典会社が1919年(大正8)に発行した"Present-day Impressions of Japan(現代日本の印象)"の中で、「長崎の美しいヨーロッパ式邸宅」という見出しで紹介されている ②

1935年(昭和10)ごろの旧オルト住宅。ベランダの北側にガラス張りのサンルームがあり、当時は珍しかったオープンカーが横づけされている。当時はリンガー家の人々が住んでいた ③

南山手14番館(旧オルト住宅)でおこなわれたイギリス領事館主催のパーティ。1935年(昭和10)ごろ ①

リンガー一家が住んでいたころの南山手14番館(旧オルト住宅)の玄関(左)と中央廊下 ②

①長崎歴史文化博物館蔵　②リチャード・ビュルグフェルト氏提供　③エリザベス・ニュートン氏提供

1935年(昭和10)ごろの居間。暖炉では石炭が燃え、床には毛皮の敷物がある ②

1935年(昭和10)ごろの石造りの噴水。日本最古の噴水と思われる ③

21 南山手の豪邸からお茶の香りがただよってくる

グラバー園への招待

❷ ウィリアム・オルトの仕事と家族

長崎でリッチなくらしを手に入れる

12歳のときから海で働いてきた若きイギリス人商人は、長崎での製茶事業を足がかりに巨万の富を築き、居留地内のリーダーとして重要な役割を果たした。

居留地のリーダーを務め、製茶事業で財をなす

ウィリアム・オルトは1840年にロンドン郊外のグリニッジで生まれ、わずか12歳のとき海に出た。1859年(安政6)年10月、安政の五カ国条約によって開港された長崎にやってきて、居留地の海岸通りに面する一等地の大浦7番地に2階建ての事務所を建て、翌年の1月に「オルト商会」を開業した。中古船、鉄製品、織物などを輸入し、茶葉やその他の産物を輸出した。特に製茶事業で財をなしたことは広く知られている。

1861年(文久元)初頭、オルトは自治会の初代議長を務め、同年6月にはアメリカ人のフランクリン・フィールド、イギリス人のジョン・メイジャーらと自治会の初代役員となり、1862年(文久2)にはトーマス・グラバーと英国教会堂と外国人墓地を管理する委員会の理事についた(P.64参照)。また、スコットランド人の船大工、ジェームズ・ミッチェルに日本における最初のヨット「ファントム号」を下り松の彼の造船所で造らせた。

オルト商会は1881年(明治14)に業務を停止するまで、オルトにあとを託されたヘンリー・ハントとオルトの甥のフレデリック・ヘリヤーが二人三脚で経営した。

岩崎弥太郎と深く交わる

ウィリアム・オルトは、中古船や武器を求めて長崎に集まった各藩の武士たちと友好関係を築いた。中でも特に深い親交を結んだのが土佐藩の若い侍で、のちに三菱の創始者となる岩崎弥太郎である。1867年(慶応3)、イギリスの軍艦イカルス号の2人の乗組員が長崎寄港中に殺された事件をめぐって、弥太郎がイギリス領事館で海援隊の無実を訴えた際に同行したのは、ほかでもないオルトだったのである。

弥太郎は1868年(明治元)に長崎を離れ、開市間もない大阪で三菱商会の前身となる貿易会社を興した。同じ年にオルトが大阪へ移り住んだのは、たんなる偶然ではないだろう。弥太郎が日記の中でオルトについてたびたびふれていることからも、2人の親密な関係をうかがい知ることができる。

このときの優勝銀杯は、イギリス在住のリンガーの子孫からグラバー園に寄贈された ①

1866年(慶応2)5月におこなわれたボートレースの優勝メンバー。中央がオルト、左端がリンガー ②

愛犬のヨークシャーテリアを椅子に座らせ、読書にふけるエリザベス夫人 ①

オーストラリアの先住民、アボリジニと思われる乳母の膝に抱かれた長女のメーブル ②

ウィリアム・J・オルト。1859年(安政6)から9年間、長崎在住 ②

子どもに恵まれ、悠々自適の余生を送る

　オルトが妻となるエリザベス・アールと出会ったのは1863年(文久3)、イギリスに一時帰国中の船の中だった。イギリス領マラヤの行政長官の娘で16歳だったエリザベスは、オーストラリアでオルトを待ち、1864年(元治元)9月に結婚式を挙げた。年末に夫とともに長崎に来たエリザベスは、1865年(慶応元)7月2日に長女を出産した。同年、オルト一家は小山秀之進が南山手14番地に建てたりっぱな洋風住宅に入居した。オルト夫妻には8人の子どもが生まれ、そのうち4人は日本で産声をあげた。

　オルトの体調が悪化したため、一家は1872年(明治5)にイギリスへ帰国し、夫妻はロンドンの自宅とイタリアの別荘で悠々自適の余生を送った。オルトは1908年(明治41)、イタリアでこの世を去った。享年68。

妻と娘が残した記録

　ウィリアム・オルト亡きあと、エリザベス夫人は日本滞在の思い出をつづった回顧録を著した。その中で夫人は次のように書いている。
「私が最初に見、そして4年間住んだ長崎は本当に美しいところでした。これ以上に美しいところを知りません。船が入っていく港は、むしろとても広い河のようであり、両側の丘の上にはぎりぎりのところまで長崎の街が横たわっています。対岸には似つかわしくないロシアの基地がありましたが、それしもこの美しい景色をそこなうものではありませんでした」

　そして、娘のフィリスは両親の伝記を書いた。この2冊はオルトの子孫に受け継がれ、ひ孫のモンゴメリー子爵夫人が1985年(昭和60)に来日した際、長崎市に寄贈された。この貴重な書籍は現在、旧オルト住宅に展示されている。

①グラバー園蔵　②デイビッド・カーマイケル氏提供

グラバー園への招待 23 南山手の豪邸からお茶の香りがただよってくる

レンガ造りの小屋と天然貯蔵庫

旧オルト住宅の裏にはレンガ造りの小屋と崖をくりぬいた天然貯蔵庫の出入口（右側）がある。室内の広さは幅3メートル、奥行き9メートル。ワインや食品を保管するために造られたと思われる。①

庭に建つ愛犬の墓標

旧オルト住宅の庭にひっそりと建つこの石柱は、フレディ・リンガーの愛犬の墓標だと思われる。「ミキ」「リンジャ」という名前と、「昭和3年4月12日」の日づけが刻まれている。①

現在の旧オルト住宅のポーチ

重厚な構えの玄関の横にはポーチ（屋根つきの車寄せ）があり、その上には日本最古で最大級のモッコウバラが枝を伸ばしている。①

①著者撮影

南山手14番地（旧オルト住宅）歴代借地権者および居住者一覧

年	借地権者および居住者	備考
1862年	ヘンリー・シンプソン（英） Henry P. Simpson	最初の永代借地権者。オルト商会社員。1865年（慶応元）横浜で死去
1865年	ウィリアム・オルト（英） William J. Alt	オルト商会代表のウィリアム・オルトが個人住宅として建設。1868年（明治元）10月、大阪へ移住
1868年	ヘンリー・ハント（英） Henry J. Hunt	オルト商会社員。オルトが大阪へ移住したあと、フレデリック・ヘリヤーと長崎オルト商会の経営を引き継ぐ。1880年（明治13）はじめまで居住
1880年	活水女学校（米）	1882年（明治15）年5月まで、ミッションスクールおよび宣教師住宅として使われていた
1883年	エドワード・ロージャズ（英） Edward Rogers	ジャパン・アンド・チャイナ・トレーディング・カンパニー（日本支那貿易商社）支配人。1883年（明治16）1月9日付で、ヘンリー・ハントから永代借地権を譲り受ける。建物は1893年（明治26）8月からアメリカ領事館が使用
1894年	ジョン・C・スミス（英） John C. Smith	ホーム・リンガー商会社員。1894年（明治27）3月22日付で、ジャパン・アンド・チャイナ・トレーディング・カンパニーから永代借地権を譲り受けるが、引きつづきアメリカ領事館に貸す
1897年	W・H・アバークロンビー（米） W.H. Abercrombie	長崎アメリカ領事が1893年（明治26）から居住。1897年（明治30）3月20日付で、ジョン・C・スミスより永代借地権を譲り受ける
1898年	ケイト・バーフ（英） Kate Barff	香港の元公務員サミュエル・バーフ未亡人。1898年（明治31）1月13日付で、アメリカ政府から永代借地権を譲り受ける。建物は翌年のはじめまでアメリカ領事館として使用され、1899年（明治32）2月からホーム・リンガー商会社員E・A・ミーサー（E.A. Measor）が借り受ける
1903年	カロリーナ・リンガー（英） Carolina Ringer	ホーム・リンガー商会社長フレデリック・リンガーの妻。1903年（明治36）2月、ケイト・バーフから永代借地権を譲り受け、個人住宅およびゲストハウスとして使用。1924年（大正13）、帰国中に死去
1924年	フレデリック・E・E・リンガー（英） Frederick E.E. Ringer	フレデリックとカロリーナ夫妻の長男。1924年（大正13）の母親の死去にともない永代借地権を譲り受け、住宅として使用。1940年（昭和15）2月23日、長崎で死去
1940年	アルシディ・リンガー（英） Alcidie E. Ringer	夫フレデリック二世の死後、永代借地権を譲り受け、太平洋戦争開戦日（1941年[昭和16]）まで居住
1942年	アルシディ・ジェニー・ビュルグフェルト（デンマーク） Alcidie Jennie Bjergfelt	フレデリック二世とアルシディ夫妻の長女。大北電信会社社員ビュルグフェルトの妻。1942年（昭和17）5月19日現在、所有権保有
1943年	川南太八郎 川原金作	1943年（昭和18）3月29日付で所有権を譲り受ける。川南工業関係者
1970年	長崎市	1970年（昭和45）春、南山手14番地の土地と建物を購入し、「旧オルト邸」として公開。1972年（昭和47）に国指定重要文化財となったあと、1977年（昭和52）4月から1979年（昭和54）1月まで修復工事がおこなわれ、グラバー園に組みこまれる

グラバー園への招待

25

南山手の豪邸からお茶の香りがただよってくる

オペラ「蝶々夫人」ものがたり
バスガイドも「ある晴れた日に」を歌った

小説、ミュージカル、そしてオペラ

　不朽の名作オペラ「蝶々夫人」は、悲劇の物語である。若い日本人女性がアメリカ人の海軍士官ピンカートンと恋に落ち、長崎港を見下ろす丘の洋館で新婚生活をはじめる。しかし、「3年後に必ず戻ってくる」との約束を残し、ピンカートンは帰国してしまう。その言葉を信じて息子とともに待ちつづけた約束の3年後、ピンカートンはアメリカ人の妻をともなって長崎を再訪する。絶望のすえ蝶々さんは自殺してしまう…。

　この物語は、フランス人作家ピエール・ロティが1887年（明治20）に発表した旅行記『マダム・クリサンテーム』（邦題『お菊さん』）を題材に、アメリカ人小説家ジョン・ルーサー・ロングが中編小説『蝶々夫人』に編みなおし、ブロードウェイの名プロデューサー、デイビッド・ベラスコがミュージカル化し、そしてイタリア人作曲家ジャコモ・プッチーニの手によって世界を魅了するオペラとして完成した。

2000回も歌いつづけた三浦環（たまき）

　オペラ「蝶々夫人」のプリマドンナといえば、ソプラノ歌手の三浦環である。医学博士の夫・三浦政太郎のイギリス留学に同行した環は、ロンドンでヘンリー・ウッドに才能を認められ、1915年（大正4）3月、オペラハウスで日本人としてはじめて蝶々夫人を演じ喝采をあびた。それ以来、太平洋戦争前に引退するまで2000回も歌いつづけた。

　環は1922年（大正11）に長崎でリサイタルを開いたとき、関係者といっしょに南山手14番館（旧オルト住宅）を訪れている。そのおり、たまたま長崎に来ていたジョン・ルーサー・ロングの姉であるジェニー・コレルと会った。ジェニーはかつて、東山手12番館（P.67参照）に住んでいたことがある。

　「マダム・バタフライ・ハウス」熱が高まっていた1963年（昭和38）、長崎市は彫刻

「蝶々夫人」の舞台衣装をつけた三浦環　　　（著者蔵）

ジャコモ・プッチーニのサイン入り写真　　　（著者蔵）

長崎公演を前に旧オルト住宅を訪れた三浦環(前列中央)と関係者。右端にいるのが小説『蝶々夫人』を書いたロングの姉、ジェニー・コレル　　　　　　　　　　　　　　　　　　　　　　　　　　(グラバー園蔵)

家・深川剛一に三浦環像の制作を依頼し、グラバー邸の南側に据えた。像は幼い息子のそばで蝶々夫人が、ピンカートンが帰ってくるはずの長崎港を指さしている。

　三浦環像は1970年(昭和45)に現在の場所に移され、その背後に有名なアリア「ある晴れた日に」の楽譜を描いた壁泉が造られた。

　三浦環像のかたわらに建つジャコモ・プッチーニの白い大理石像は、イタリアのセルヴィエッティ・スタジオに所属するフランス人彫刻家ジルベール・ルビーグルによって造られ、1996年(平成8)にプッチーニの生誕地ルッカ県おびマダム・バタフライ・コンクール協会からグラバー園に寄贈されたものである。

　昭和30年代後半から40年代にかけて、観光バスのガイドも三浦環が世界を魅了したアリア「ある晴れた日に」を練習して、グラバー邸を訪れる観光客を楽しませたという。

長崎港を指さしている三浦環像　　(著者撮影)

イタリアから寄贈された
プッチーニ像
(著者撮影)

特集 Ⅲ リンガー家のアルバム

華麗なる一族の名声が
眺めのいい館に響く

1974年(昭和49)以降に撮影された旧リンガー住宅(グラバー園蔵)

1 旧リンガー住宅

南欧風の開放感あふれる「NIBAN」

長崎港を一望できるよう西側を正面にして建ち、開放的な空間をもつ旧リンガー住宅は、いまも変わらず訪れる人にドラマやロマンをささやきつづけている。

旧リンガー住宅

親子3代にわたって住みつづける

1864年（元治元）から長崎に住んでいたトーマス・グラバーの弟アレキザンダーは、南山手2番地の永代借地権(P.64参照)を取得しているが、旧リンガー住宅として知られる石造りの家を建てた人物だと思われる。比較的小規模なこの建物は旧オルト住宅に建築様式が類似していることから、小山秀之進がアレキザンダー本人あるいはグラバー商会の注文を受けて建設に着手したと推定できる。同じグラバー商会の社員が幕末期に建てた南山手27番館（現・南山手レストハウス）とも共通する点がある。

1870年（明治3）にグラバー商会が倒産したあと、この家はアレキザンダーからジョン・C・スミス(ホーム・リンガー商会)の手に渡り、次はイギリス人船長のアレキザンダー・グレーンジ、そして1874年（明治7）夏、フレデリック・リンガー(P.34参照)が譲り受けた(P.41参照)。リンガーは結婚を機に1883年（明治16）から自宅として使いはじめ、「NIBAN（2番）」と名づけた。フレデリックがイギリスへ一時帰郷中に死去したあとは、ロンドンで学び1909年（明治42）に長崎に帰ってきた次男のシドニーに受け継がれた。

旧リンガー住宅は、天草の砂岩でできた外壁、ベランダに面する縦長の張り出し窓とドア、軒をささえる列柱、格子天井が特徴の、南欧風バンガロー形式の平屋建て住宅である。廊下をはさんで4つの部屋があり、付属屋には厨房とメイド部屋がある。芝生の庭と日本庭園に囲まれ、港を一望できる長崎居留地の中でも立地条件の良いところに建っている。

戦争の傷跡

太平洋戦争中にホーム・リンガー商会(P.34参照)を閉鎖し、中国の上海に避難していたシドニー夫妻は当地の日本軍に拘束され、終戦まで収容所に入れられていた。アメリカの進駐軍が長崎を引き上げた1951年（昭和26）、夫妻はやっとふるさとに帰ってきた。しかし、長崎や下関にあったリンガー家所有の建物は、敵国財産として日本政府によって売却されていた。さらに、NIBANは身寄りのない人々に不法占拠されていた。

現在の旧リンガー住宅平面図

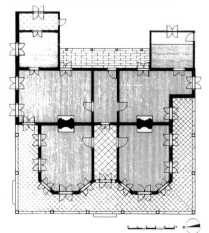

旧リンガー住宅は1966年（昭和41）に国指定重要文化財となり、同年10月に一般公開された(P.54参照) ①

現在の旧リンガー住宅の庭 ②

①長崎市教育委員会蔵　②著者撮影
③エリザベス・ニュートン氏提供

リンガー家の人々と日本人従業員。1937年(昭和12)1月、シドニー・リンガーの次男・ヴァニャの結婚式の日にNIBANの庭で撮影。シドニーとアイリーン夫妻は後ろでカメラを見ている。右端の若い男性は長男・マイケル。中央の外国人男性の名前は不明だが、結婚式に出席した親族か友人と思われる。彼の前に立っている小柄な女性は長年リンガー家に仕えた溝田エイ氏 ③

グラバー園への招待

31

華麗なる一族の名声が眺めのいい館(やかた)に響く

リンガー家の家系図

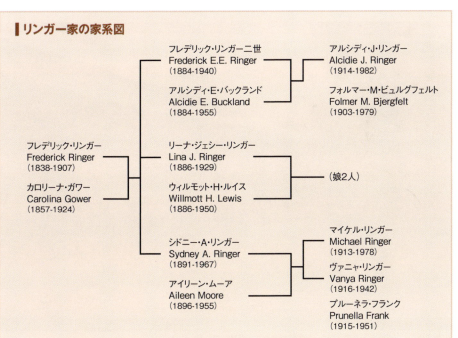

リンガー住宅から三菱長崎造船所を遠望。手前の建物は厨房とメイド部屋、左手の小屋はいまはない。1935年(昭和10)ごろ ①

1935年(昭和10)ごろのリンガー住宅。リンガーの愛犬(ブラック・スパニエル)が前庭で放し飼いにされている ①

①エリザベス・ニュートン氏提供　②アメリカ国立公文書館蔵

1947年(昭和22)7月の旧リンガー住宅。屋根に原爆の爪痕が残っている ②

戦後の旧リンガー住宅。戦時中から庭で野菜が作られ、花が植えられていた ①

グラバー園への招待

33

華麗なる一族の名声が眺めのいい館(やかた)に響く

❷ フレデリック・リンガーの仕事

国際交流と貿易の第一人者

フレデリック・リンガーは外国貿易の第一人者として、長崎の実業界における地位を不動のものとした。同時に、国際交流においてもリーダーシップを発揮した。

フレデリック・リンガー ①

事業を多角化し、長崎の大黒柱となる

フレデリック・リンガーは1838年、イギリスのノリッジで生まれた。若いころは茶葉貿易に参加し、中国・長江(揚子江)沿岸の重要港湾都市でかつ茶葉生産地の中心だった九江で茶葉の検査官として働いた。1865年(慶応元)、長崎で急成長していたグラバー商会に招かれ、製茶作業と輸出を監督するようになった。これが長崎とリンガー家の長い関係のはじまりである。

1868年(明治元)、リンガーと同僚のエドワード・Z・ホームは独立し、グラバー商会の茶葉貿易を引き継ぐ形で「ホーム・リンガー商会」を立ち上げ、大浦11-1/2番地と33番地にそれぞれ事務所と製茶工場を開いた。

ホームは間もなくイギリスに帰ったが、リンガーは社名を変えずに営業をつづけ、長崎における外国貿易の第一人者となった。ホーム・リンガー商会は多様化しながら拡大をつづけ、やがて明治期長崎の大黒柱へと成長した。

ホーム・リンガー商会の輸出品は、茶葉や角材、コメといった日本の産物に集中し、輸入品は機械類から建築物資、板ガラス、灯油、ウイスキー、氷にいたるまで、広範にわたった。日本や韓国、ロシアの数カ所に支店をおき、世界中の数十社におよぶ保険・海運会社の代理業も手がけた。

日英の会社を結んだ電話

リンガーは新技術の導入にも力をそそいだ。1887年(明治20)には、いち早く私設電話をひいた。大浦海岸通りにあるホーム・リンガー商会の事務所から小曽根町の高島砿業所事務所までつながった電話は、外国企業と日本企業のかつてない協力の一例として特記すべきだろう。

さらに1889年(明治22)、小曽根町にレンガ造りの建物を建て、イギリスから輸入した最新鋭の製粉機械と三菱長崎造船所で造られたエンジンを組み合わせた製粉工場を設立した。

領事業務もこなす

長崎の外国貿易と国際交流の第一人者として、フレデリック・リンガーはベルギー、スウェーデン、ハワイ共和国を含む数カ国の領事業務を引き受けた。1891年(明治24)5月に長崎を訪れたニコライ王子(のちのロシア皇帝ニコライ2世)を居留地代表で歓迎したのもリンガーだった。

長崎居留地の一等地、大浦海岸通りにあったホーム・リンガー商会(手前の建物) ②

①グラバー園蔵　②著者蔵　③著者撮影

「東洋一の豪華ホテル」と絶賛されたナガサキ・ホテル(右)は開業後10年で倒産した。左の建物は現存する香港上海銀行長崎支店 ②

新聞とホテルの経営に乗りだす

　明治30年代に入ると、日清戦争の勝利や極東への欧米の進出、国際的な海運業と観光の急速な発展により、長崎は停泊港および給炭港として未曾有の発展を遂げていた。輸入灯油を貯蔵する大きなタンクを長崎港の入口に設置するなど、好景気を謳歌していた。

　経済発展に後押しされたリンガーは、社員を増やし、日刊英字新聞「ナガサキ・プレス」を立ち上げた。さらに、需要の高まりを見越して、アジア太平洋地域各港の豪華ホテルに匹敵する宿泊施設の建設を計画した。鹿鳴館や上野博物館の建築で知られるジョサイア・コンドルの設計による「ナガサキ・ホテル」が1898年(明治31)8月に開業すると、新聞は「東洋一壮大なホテル」ともてはやした。

　華やかな3階建てのレンガ造り、客室50、広いベランダから港を見下ろす最高級の部屋をはじめ、ダイニングルームはゆうに125人を収容、フランス人料理長、日本初の全室電話完備、自家発電、冷蔵設備、ワインセラー、輸入家具、ヨーロッパ製装飾器具を備えていた。当時長崎に入港していた船の数を見た者は、みなこのホテルの成功を確信しただろう。しかし、リンガーの期待とはほど遠く、長崎の黄金時代は長くはつづかなかった。日露戦争後、観光客も貿易額も急激に下降線をたどり、ナガサキ・ホテルは開業からわずか10年後の1908年(明治41)に閉鎖を余儀なくされた。

　心臓病を患っていたリンガーはその前年にノリッジに帰郷し、「夢のホテル」のことを考えながら1907年(明治40)11月29日に帰らぬ人となった。享年69。

近代水道

　フレデリック・リンガーとその他の外国人居留者たちは、公衆衛生と安全な水の供給の必要性を早くから訴えていた。上海の水道敷設に携わったイギリス人技師J・W・ハートを長崎によんだのはリンガーだった。1891年(明治24)、ハートの設計をもとに長崎市の本河内に貯水式ダムが完成し、日本で3番めとなる近代水道が通った。

　水の供給は街路に設置された水道共用栓で、市街水栓番が朝に栓を開き、夕方に栓を閉じていた。この水道共用栓は旧長崎地方裁判所長官舎を降りた坂道の一角におかれている。

水道共用栓 ③

35

華麗なる一族の名声が眺めのいい館(やかた)に響く

3 リンガー家の人々

それぞれの一流人生を送る

父は長崎実業界の第一者。母は社交界の華。華麗なる一族に生まれた3人の子どもたちは、それぞれの人生を歩き通した。

ナガサキのグランダム、カロリーナ夫人（右）。南山手14番館（旧オルト住宅）の前。1917年（大正6）①

ナガサキのグランダム（貴婦人）が通る

　フレデリック・リンガーの妻・カロリーナは1857年にローマで生まれた。彼女は中国・アモイの商人、エドモンド・パイと結婚したが、間もなく夫に先立たれ、その後、長崎の高島炭砿に雇われていた父のもとに来た。1883年（明治16）、この街で知りあったフレデリック・リンガーと再婚した。

　夫が経済界で頭角を現す中、カロリーナは社交界の華として、さまざまなコンサートや記念祭、福祉イベントを企画し話題を集めていた。ピアノと歌を得意とする彼女は、外国人社会では「ナガサキのグランダム」とよばれる有名人だった。こんなエピソードがある。

　カロリーナがアメリカ横断鉄道の汽車に乗っていたときのこと。西部のとある町のポーターの態度が悪かったことに怒って、「私が誰だかわかっているの？　私はナガサキのリンガー夫人ですよ」といいはなったとか。そういわれたポーターは、キョトンとした表情を崩さなかったという。

　ナガサキのグランダム、カロリーナは体調を崩して1921年（大正10）にイギリスへ帰り、3年後にロンドンで亡くなった。

リンガー家の人々。左から、次男・シドニー、妻・カロリーナ、長男・フレディ、長女・リーナ ①

55歳で急病に斃れた長男・フレディ

長男のフレデリック・リンガー二世（フレディ）は1884年（明治17）6月17日、ロンドン郊外のクロイドンで生まれ、母とともに長崎に帰ってきた。父親の死後、フレディは弟のシドニーと西日本有数の貿易会社に成長していたホーム・リンガー商会を引き継ぎ、ノルウェー、スウェーデン、ベルギー他の国の領事業務にもなった。

1913年（大正2）11月、フレディはホーム・リンガー商会の社員、P・J・バックランドの妹、アルシディと結婚し、母が住んでいた南山手14番館（旧オルト住宅）に入居した。昭和10年代に国際情勢の緊張が高まり外国人の多くが日本をあとにしたが、フレディは長崎を離れようとしなかった。1940年（昭和15）2月、急病に斃れた彼は帰らぬ人となった。

結婚と離婚を経験した長女・リーナ

一人娘のリーナ・ジェシー・リンガーは、1886年（明治19）に長崎で生まれた。イギリス留学から帰ったのち、日刊英字新聞「ナガサキ・プレス」の記者、ウィルモット・H・ルイスから求婚された。父親の反対にあったが、リーナは1907年（明治40）に横浜で結婚し、2人の娘を授かった。ルイスは「ロンドン・タイムズ」のワシントン特派員としてアメリカに渡り、家族を見捨てた。リーナは長崎に帰り、母と南山手14番館に住んだ。ルイスと離婚したリーナは、1929年（昭和4）に心臓病を患い43歳の若さで永眠した。

フレディの妻と一人娘

フレディ亡きあと、妻のアルシディは太平洋戦争を告げる真珠湾攻撃がはじまった1941年（昭和16）12月8日まで、南山手14番館（旧オルト住宅）に住みつづけた。警察に拘留された彼女は、翌年の7月、同じように日本から逃げ遅れた敵国の人々とともに交換船に乗り、ヨーロッパへと帰っていった。

1914年（大正3）年8月30日、フレディ夫妻の一人娘、アルシディ・ジェニーが生まれ、南山手に陣取るリンガー一族にくわわった。イギリス留学を終え長崎の両親のもとに戻ってきた彼女は、日本画や盆景といった日本文化に傾倒した。1936年（昭和11）10月、ジェニーは大北電信会社に勤めるデンマーク人フォルマー・ビュルグフェルと結婚し、その後、横浜に移住した。

リーナの元夫と2人の娘

リーナの元夫であるルイスは報道でさらに名声を博し、1931年（昭和6）にイギリス政府から騎士の称号を贈られた。2人の娘はのちに長崎に戻り、叔父のフレディとシドニーの助けを得てイギリス人男性と結婚し、それぞれ家庭を築いた。いまもその子孫がイギリスに住んでいる。

南山手14番館（旧オルト住宅）の庭でくつろぐ長男・フレディとアルシディ夫妻 ②

次女を腕に抱くリーナ・ルイス。イギリスの写真館にて ③

①グラバー園蔵　②リチャード・ビュルグフェルト氏提供
③エリザベス・ニュートン氏提供

華麗なる一族の名声が眺めのいい館に響く

戦後の長崎を訪れたシドニーとアイリーン夫妻 ①

波乱万丈の次男・シドニー

　次男のシドニー・アーサー・リンガーは1891年(明治24)2月26日に長崎で生まれた。伝統的なイギリス式の教育を受けるため幼いころ寄宿制学校に送られ、名門校セント・ポールズ・カレッジを卒業後、1909年(明治42)に長崎に帰り、ホーム・リンガー商会に就職した。人望が厚く、また経営者としての才能に恵まれていたシドニーは、父フレデリック・リンガーの実質的な後継者となった。

　1913年(大正2)、シドニーは上司P・J・バックランドの姪にあたるアイリーン・ムーアと長崎で結婚し、NIBANで新婚生活をはじめた。夫妻は2人の息子に恵まれた。長男のマイケルは1914年(大正3)、次男のヴァニャは1916年(大正5)にともに長崎で生まれ、父の足跡をたどるかのようにイギリスの名門校で学び、若くして長崎に帰ってきてホーム・リンガー商会に就職した。

　シドニーは太平洋戦争の危機が高まった1940年(昭和15)10月にホーム・リンガー商会を閉じ、アイリーンとともに上海に逃れたが、日本当局に拘束され、揚州などの強制収容所で戦時中を過ごした。戦後、長崎に戻ってからの数年間、冬は長崎で過ごし、残りの季節はイギリスへ帰り、ヨークシャーで酪農場を経営していたマイケルとともに過ごすようになった。

　ホーム・リンガー商会は1952年(昭和27)1月、福岡・門司で元社員たちの努力によって再開されたが、リンガー一族は新しい事業に参加しなかった。

　シドニーは1965年(昭和40)、悲しみと懐かしさの入り混じった気持ちをかかえたまま、生家であるNIBANを長崎市に売り渡してイギリスへ戻り、2年後に息を引き取った。享年76。

仮装パーティを楽しむシドニーの長男・マイケル(左)と次男・ヴァニャ ①

息子たちの戦争体験

　昭和初期の軍国主義の風潮は、リンガー家にも暗い影を落とした。多くの外国人が日本を去る中、一家は長崎に残ったが、マイケルとヴァニャはスパイ容疑で逮捕された。太平洋戦争がはじまると、2人の息子はイギリス領インド軍の士官として入隊した。ヴァニャはマレーシアで戦死。マイケルは日本軍の捕虜となり、終戦までインドネシアの捕虜収容所に収容されていた。

自宅の庭でくつろぐシドニー父子。左から、長男・マイケル、シドニー、次男・ヴァニャ ①

①エリザベス・ニュートン氏提供　②著者撮影

現在の旧リンガー住宅

　ベランダに面する縦長の張りだし窓とドア、軒をささえる列柱が、南欧風の開放的な雰囲気をかもしだしている。②

アスファルト舗装道路

　フレデリック・リンガーは晩年に心臓病を患い、NIBANで隠居生活を送っていた。坂の上り下りが不自由になった彼は、坂の下から自宅の前までアスファルトで舗装された道を造り、人力車が通れるようにした。この道は現在も一部残っている。②

芝生のローラー

　長崎居留地の造成工事がはじまったころ（P.58参照）、南山手の住宅地では、オルト邸の前庭やグラバー邸とリンガー邸をつなぐ庭などに芝生が植えられた。芝生を育てるために重い石のローラーが使われたが、そのうちの1台がいまも旧リンガー住宅のそばにある。②

グラバー園への招待　39　華麗なる一族の名声が眺めのいい館(やかた)に響く

フリーメイソンロッジ（集会所）の門柱

　フリーメイソンとは、中世のイギリスで数々の大聖堂を建てた石工が組織した友愛団体のことであり、シンボルマークである定規やコンパスその他の工具は平等と正義を表している。

　長崎におけるフリーメイソンは、三菱社が明治政府から長崎造船局を借り受けた数カ月後の1885年（明治20）2月に発足した。同年10月5日、最初の集会が大浦50番地でおこなわれた。初期の会員のほとんどは、三菱長崎造船所に勤めるイギリス人だったが、その後、さまざまな職業の男性が加入し、定例会やイベントに参加した。

　1889年（明治22）、熱心なフリーメイソンだった英字新聞「ライジング・サン・アンド・ナガサキ・エクスプレス」の編集者、アーサー・ノーマンは、大浦47番地にあった自社の建物の2階をフリーメイソンに貸し、シンボルマークを刻んだ門柱を社屋の入口においた。

　長崎のフリーメイソンは1919年（大正8）に活動を中止し、新聞社の洋館は昭和30年代に取り壊されたが、門柱は保存された。その後、この門柱は旧グラバー住宅と旧リンガー住宅の間にあったテニスコート跡地に移され、1971年（昭和46）に旧リンガー住宅に落ちついた。

「ライジング・サン・アンド・ナガサキ・エクスプレス」に載ったフリーメイソンの集会案内 ②

フリーメイソンロッジの門柱の上部にはシンボルマークが刻まれている。門柱は旧リンガー住宅に移されたが、フレデリック・リンガーとその子孫はフリーメイソンの会員ではなかった ①

坂本国際墓地にある墓碑に刻まれたフリーメイソンのシンボルマーク ①

南山手2番地（旧リンガー住宅）歴代借地権者および居住者一覧

年	借地権者および居住者	備考
1864年	アレクザンダー・グラバー（英） Alexander Glover	トーマス・グラバーの弟。現存する石造り住宅（旧リンガー住宅）を1867年（慶応3）ごろ建設。1882年（明治15）にアメリカへ移住
1870年	ジョン・C・スミス（英） John C. Smith	ホーム・リンガー商会社員。1900年（明治33）に帰国
1871年	アレクザンダー・グレーンジ（英） Alexander Grange	元船長。1874年（明治7）に長崎で死去、大浦国際墓地に埋葬されている
1874年	フレデリック・リンガー（英） Frederick Ringer	カロリーナと結婚した1883年（明治16）から居住。1907年（明治40）、一時帰郷中に死去
1909年	シドニー・A・リンガー（英） Sydney A. Ringer	フレデリック・リンガーの次男。妻アイリーンと2人の息子と1940年（昭和15）に中国・上海へ避難するまで居住
1943年	川南工業株式会社	1942年（昭和17）の「勅令272号」により永代借地権が抹消され、翌年5月、シドニー・リンガー不在のまま「敵国財産」となった土地と建物が川南工業に売却された
1954年	マイケル・リンガー（英） Michael Ringer ヴァニャ・リンガー（英） Vanya Ringer	1951年（昭和26）、シドニー・リンガーは長崎へ戻った。南山手2番地の自宅は数家族によって不法占拠されていたので、連合国総司令部（GHQ）と長崎県に財産の返還を求めた。1954年（昭和29）に返還され、数年の間シドニーが住んだ

グラバー園への招待

41

華麗なる一族の名声が眺めのいい館(やかた)に響く

現在の旧リンガー住宅の屋根越しに三菱長崎造船所と女神大橋を望む ①

①著者撮影　②長崎歴史文化博物館蔵

特集 Ⅳ　移築建物

「長崎明治村」構想にもとづき洋館の野外博物館を造る

1990年（平成2）当時のグラバー園の全景（グラバー園蔵）

① 旧三菱第2ドックハウス

グラバー園の最も高い場所に移す

外国人船員専用の宿舎だったこの建物の2階ベランダからは、長崎の町並みを南から北まで一望できる。

居留地境の石標

旧三菱第2ドックハウスの東側に、数個の居留地境の石標が建っている。これは、かつて居留地の随所にあったうちの数石が、グラバー園に集められたものである。

居留地境の石標 ①

居留地の建物と同じ造り

オランダの支援を受けて1857年(安政4)に操業をはじめた徳川幕府直営の長崎鎔鉄所は、維新後、新政府に引き継がれたが、1884年(明治17)に三菱に貸しだされ、3年後には払い下げられて「三菱長崎造船所」となった。船舶の建造にくわえ、外国の商船や軍艦の修理もおこなっていた三菱は拡大路線の波に乗り、やがて東アジア最大の造船所へと成長してゆく。

長崎が日清戦争の勝利で前代未聞の繁栄を享受していた1896年(明治29)、三菱は飽之浦の第2ドックのそばに木造2階建てのドックハウスを建てた。これは修理のために船が造船所に入っている間の、外国人乗組員専用の宿舎である。屋根は日本瓦でふかれ、1、2階ともベランダのついた同じ広さの部屋が4つあり、居留地で使われているものと同じイギリス式暖炉が備わっている。

第2ドックハウスは、1970年(昭和45)に資材置き場を建設するために埋め立てられるまで利用されていたが、2年後に三菱から長崎市へ寄贈され、グラバー園の最も高い場所に移築された。第2ドックハウスの最大の魅力は、南は三菱長崎造船所の100万トンのドッククレーンが見える香焼島から、北はモザイク画のようにつづく浦上の町並みまでを2階のベランダから一望できることだろう。

長崎游学マップ ⑤

44

飽之浦にあったころの旧三菱第2ドックハウス ②

現在の旧三菱第2ドックハウス ①

❷ 旧長崎高等商業学校の表門守衛所
学生の往来を見守りつづける

表門守衛所はハイカラが似合う長崎にふさわしい建物である。モダンを絵に描いたような小さな建物に、明治時代のバンカラ学生も鼻を高くしたことだろう。

銅板の屋根の下に畳敷きの部屋

　旧制長崎高等商業学校は1905年（明治38）に市近郊の片淵郷に創設された、東京、神戸につぐ3番めの官立の高商である。1944年（明治19）に長崎経済学校に改名され、1949年（昭和24）の新制大学設立にともない長崎大学経済学部となった。設立当時の校舎は洋風レンガ造りだった。

　本科のほかに海外貿易科をおき、「清・韓・南洋方面に雄飛活躍すべき人材」を育てるべく外国人教師を雇い、英語などの講義に特に力を入れた。学生は毎年、中国や韓国への修学旅行に参加したという。卒業生の多くは三井物産、サッポロビール、日興証券（現・日興コーディアル）といった名門企業に就職し、指導者的な役割を果たした。

　学校の入口で学生たちの往来を見守ってきた守衛所は1975年（昭和50）、長崎市の手に渡り、翌年、グラバー園に移築された。洋風の独特な外観をもつ屋根は銅板でふかれ、ガラス窓があり、中には日本人の門番向けに畳敷きの部屋がある。

旧長崎高等商業学校の表門守衛所

キャンパスにいまも残る建造物

　長崎高商の初期の建物の多くは、太平洋戦争後に取り壊されて新しくなった。しかし、1907年（明治40）に完成したレンガ造り倉庫、1919年（大正8）完成の旧研究館（現瓊林会館）、1903年（明治36）に正門と校舎の間を流れる西山川に架けられたアーチ型石橋（眼鏡橋）は現存している。これらは3件とも、国の登録有形文化財に指定されている。

グラバー園への招待

45

昭和初期の長崎高商の絵はがき。右端に表門守衛所が見える ③

現在の旧長崎高商の表門守衛所 ①

①著者撮影　②山口光臣氏撮影　③著者蔵

③ 旧ウォーカー住宅

南山手乙28番地から移築

旧ウォーカー住宅は同じ南山手からグラバー園に移築された、明治中期の居留地の建物である。海の見える張りだし窓や日本瓦を有する和洋折衷建築の好例である。

移築を伝える新聞記事

1973年（昭和48）11月21日付の長崎新聞に、「ウォーカー邸を復元」と題する記事が載っている。当時、移築先のグラバー邸は、「長崎明治村」構想にもとづきグラバー邸地区観光施設整備の途中にあったため、新聞も「長崎の『明治村』」と書いている。

ウォーカー邸の移築を伝える長崎新聞 ①

和洋折衷の居留地建築の好例

グラバー園の造営工事が第2段階にあった1974年（昭和49）年7月ごろ、ウォーカー邸は解体され、旧グラバー住宅と旧リンガー住宅の間にあったテニスコート跡地に移築された。明治中期に建てられた旧ウォーカー住宅は、海の見える張りだし窓、石炭を燃やすイギリス式暖炉と煙突、日本瓦でおおわれた屋根や和風の庇(ひさし)などがあり、和洋折衷の居留地建築の好例である。

グラバー園に移築される前のウォーカー邸は大浦天主堂の東側、長崎港と北の浦上につづく町並みを一望できる南山手乙28番地に建っていた。記録によると、最初の住人は、1864（元治元）に借地権を取得したベルビュー・ホテルのイタリア人経営者C・N・マンシーニだった。1870年（明治3）には、オリエンタル・ホテルのフランス人経営者ジャン・ピエール・ハイヴェーが譲り受けている。

1871（明治4）年5月10日付の英字新聞「ナガサキ・エクスプレス」には、「南山手乙28のバンガロー」という空き物件の広告が載っているが、これはグラバー園に移築される前の建物、つまり建設当時のウォーカー邸と思われる。また、アメリカ人船員のM・C・カールセンが、1888年（明治21）に上重ソノという日本人女性と結婚してこの家に住んでいたという記録があることから、改築された家はこのころに建ったと推測できる。のちにソノは夫を捨て、この不幸な船乗りは同年10月に結核で命を落とした。

1915年（大正4）にユダヤ商人S・D・レスナーがおこなったオークションで、この土地と建物はロバート・ウォーカー二世（P.49参照）に落札された。彼は1937年（昭和12）に結婚してここに居を構えた。ウォーカー二世夫妻は日本国籍をもっていたので、太平洋戦争中は自宅を離れずにすんだ。原爆が長崎の上空で炸裂したとき、一家はロバートが敷地の東側に掘った防空壕に避難していて無事だった。この防空壕はいまも残っている。

現在の旧ウォーカー住宅平面図

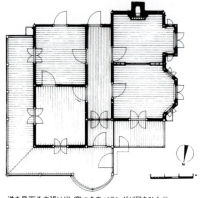

港を見下ろす張りだし窓つきのベランダが目をひく ②

①長崎県立長崎図書館蔵　②長崎市教育委員会蔵　③長崎市文化財課蔵　④グラバー園蔵　⑤著者撮影　⑥ウォーカー家蔵

晩年のウォーカー・ロバート ④

ウォーカー二世一家が住んでいた旧南山手乙28番地の現在の門 ⑤

1937年(昭和12)に結婚するころのウォーカー・ロバートとメーブル・シゲコ(重子)・マックミラン ⑥

シグムンド・レスナーの直筆領収書。1915年(大正4)1月12日、ロバート・ウォーカー二世が1300円で南山手乙28番館を購入した。当時、南山手は「ナミノヒラ・ヒル」ともよばれていた ③

現在の旧ウォーカー住宅 ⑤

47

「長崎明治村」構想にもとづき洋館の野外博物館を造る

ウォーカー家ものがたり
父は長崎を離れ、息子は日本人になった

船長から実業家に転身する

　1874年（明治7）に来日し、郵便汽船三菱会社の一等士官だったロバート・ニール・ウォーカーは、1886年（明治19）、長崎－ウラジオストク間に就航していた高千穂丸の舵をとることになり、家族とともに長崎居留地に移り住んだ。長崎で3人の子どもが生まれ、これで子どもは7人になった。

　しかし、1891年（明治24）に高千穂丸が対馬南部の海岸で座礁し、長崎での家族の幸せなくらしは突然に終わってしまった。この事故で死者は出なかったものの、ウォーカー船長は責任をとって辞職し、一家はふるさとのイギリス・メリーポートへ帰った。しかし、妻のサトが36歳の若さで急逝し、ウォーカーは彼女の死を惜しみながらも9人の子どもを連れて長崎に戻り、新しい仕事の機会を求めた。当時の長崎には日本郵船会社の元船長だった兄のウィルソンがおり、弟の手助けをした。

　1898年（明治31）、ロバートは荷揚げ業を商う「R・N・ウォーカー商会」を立ち上げ、南山手9番地Aに事務所を構え、のち東山手7番地に移った。1904年（明治37）には清涼飲料水の製造機一式をオークションで落札し、下り松44番地Aの自社倉庫内に「バンザイ飲料製造会社」を興した。「バンザイ」ブランドのジンジャエールやソーダ水、炭酸飲料水を製造し、地元のホテルなどに販売した。

　晩年、ロバートは事業を息子のウォーカー二世に譲り、4人の娘を連れてカナダへ移住した。

ロバート・ウォーカーがイギリスの父親に送った福田サトとの結婚記念写真。1888年（明治21）
（デリック・ウェート氏提供）

父と娘4人がカナダへ移住する直前のウォーカー家の人々。
前列中央がウォーカー、後列右端がウォーカー二世

（ウォーカー家蔵）

日本に帰化したウォーカー二世

　ウォーカー二世はロバートと福田サト夫妻の次男として、1882年（明治15）に神戸で生まれた。北アイルランドのベルファストの学校を卒業したあと長崎へ戻り、父の会社であるR・N・ウォーカー商会に就職した。

　彼は無国籍という特異な状況にいたが、1928年（昭和3）に日本国籍をとり、正式な名前をRobert Walkerから「ウォーカー・ロバート」に変えた。

　ウォーカー二世は1937年（昭和12）、長崎出身で同じくイギリス人男性と日本人女性の間に生まれたメーブル・シゲコ・マックミランと結婚した。メーブルは結婚の経験があり、メリーという娘を連れて南山手乙28番館に移ってきた。その後、夫妻はアルバートとデニス、2人の息子に恵まれた。

　ウォーカー二世一家は日本国籍をもっていたにもかかわらず、太平洋戦争の間、警察の厳しい監視下におかれた。終戦後、彼は事業を再開することなく南山手に住みつづけ、日本国籍と英語名をもつ家族として異彩を放った。晩年は自宅のベランダの椅子に座って長崎港を眺めるおだやかな日々を送り、1958年（昭和33）に76歳で亡くなった。妻のメーブルは自宅をグラバー園に寄付し、南山手乙28番地に新しい家を建て、1996年（平成8）に亡くなるまで息子のアルバート一家と住んでいた。

　ウォーカー二世夫妻は長崎市の坂本国際墓地に眠っている。

4 旧長崎地方裁判所長官舎

長崎に唯一残る明治期の政府庁舎

明治時代に建てられた政府庁舎は、「権力の象徴」としての色彩をとどめているものが多い。この長官舎は長崎に現存するただひとつの、貴重な権力の象徴である。

旧長崎地方
裁判所長官舎

『雅子斃（たお）れず』

長崎地方裁判所長官舎に住んでいた著名人のひとりに、柳川（旧姓・石田）雅子さんがいる。著書『雅子斃れず』には、爆心地に近い三菱長崎兵器工場に動員されていた14歳の彼女が被爆し、翌日、当時、裁判所長だった父親と感動的な再会を果たしたことがつづられている。

長崎游学マップ ⑤

50

外観は西洋風、室内は和様折衷

　明治時代の外国人居留地は新しい情報と技術の入口だった。長崎、横浜、神戸などの開港場に出現した洋風建築は、新時代の政府庁舎、銀行、裁判所、学校その他の公共施設のデザインに強い影響を与えた。

　長崎居留地外の初期の洋風建築のひとつは、1875年（明治8）に万才町（ざいまち）に建てられた長崎地方裁判所である。2年後には近くに長崎高等裁判所（九州で唯一の高等裁判所）が、さらに1883年（明治16）には上町（うわまち）（現在の長崎歴史文化博物館の向かい側）に、長崎地方裁判所と長崎高等裁判所の長官舎が建設された。

　興味深いことに、建築様式は居留地の建物に似ているものの、長官舎には洋間と和室の両方が造られ、西洋の家に欠かせない暖炉と煙突はなかった。敷地内に建てられた日本風住宅が、歴代所長とその家族の生活の場だった。これは、当時はまだ洋風建築が一般化しておらず、「権力の象徴」という側面が強かったことを示している。

　1945年（昭和20）8月9日、万才町の長崎地方裁判所と長崎上訴所の建物は被爆後の火災で全焼したが、長官舎は無傷で残った。建物は1977年（昭和52）にその役割を終えて解体され、2年後にグラバー園に移築された。この建物は現在、「レトロ写真館」として人気を集めている。

現在の旧長崎地方裁判所長官舎 ①

上町にあったころの長崎地方裁判所長官舎 ②

5 旧自由亭

伊藤博文も通った西洋料理店

旧自由亭は日本人に西洋料理の味を教えた革新的なレストランである。また、居留地の外にあった初期の洋風建築として、グラバー園の中でも異彩を放っている。

西洋料理を広めた草野丈吉

　西洋料理を体得した長崎人のひとりに草野丈吉がいる。1840年(天保11)生まれの草野は幕末期に出島のオランダ商館で働き、のち若宮稲荷神社の近くに「良林亭」というレストランを開き、広い世代の人々に西洋料理とテーブルマナーを紹介した。客の中には五代友厚、小松帯刀、伊藤博文ら、のちに指導者になる志士たちがいた。1868年(明治元)、草野は開市した大阪に新しく西洋料理店を開くため大阪へ移り住み、「自由亭ホテル」という名の店を開いた。その後、10年の間に神戸と京都にも支店を開いた。

　1878年(明治11)、長崎に帰った草野は馬町の諏訪神社下に2階建ての木造洋風建物を新築し、「自由亭」を開店した。1階には玄関ホール、2階には大きなダイニングルームがあり、石炭用暖炉や西洋風の家具と内装を誇っていた。外国人居留者らが日本の西洋料理の発展に驚く中、日本人客はここで居留地の食生活を体験することができたのである。

　先駆的な料理人だった草野は労を惜しまず努力をつづけたが、1886年(明治19)に47歳の若さで息を引き取り、その後、自由亭は閉店された。

　建物は日本政府が購入し、太平洋戦争後も検察庁官舎として利用された。グラバー園の準備を進めていた長崎市は1973年(昭和48)にこの建物を購入し、翌年、現在の場所に移築した。以前の2階のダイニングルームは現在、喫茶室に生まれ変わっている。

旧自由亭

45歳の草野丈吉 ④

グラバー園への招待

51

現在の旧自由亭 ①　　絵はがきに写った馬町時代の旧自由亭(○印内)。閉店後は検察庁官舎として使われていた ③
①著者撮影　②山口光臣氏撮影　③著者蔵　④長崎歴史文化博物館蔵

❻ 旧スチイル記念学校

設計はアメリカ人の宣教師

かつては多くの優秀な生徒が学んでいた校舎はいま、写真展示室や講演その他の教育イベントを行う会場として生まれ変わり、訪れる人を楽しませてくれる。

ミッション系男子校としての歴史を刻む

　現在、旧オルト住宅の正面奥に位置する旧スチイル記念学校の校舎は、もともと東山手9番地（現・海星学園の一部）に建っていた。アメリカ人宣教師のヘンリー・スタウトが設計した2階建ての木造洋風建築は、雨戸つきの窓があり、前方には鐘楼を連想させる突起した部分がある。天井の高い教室や事務室には、石炭用暖炉が完備されていた。

　開校は1887年（明治20）9月。早世した息子をしのんでこの学校の建設に大金を寄付した宣教師、W・H・スティールにちなんで「スチイル記念学校」と名づけられた。スチイル記念学校という名は居留地内でのよび方であり、長崎ではいつしか「東山学院」という校名が定着し、その高い教育基準から名門校に数えられるようになった。

　東山学院は1932年（昭和7）に閉校し、東京の明治学院と合併した。建物は長崎のカトリック教区が運営する東陵中学校として利用され、1952年（昭和27）には神言修道会に移管され、長崎南山学園として再スタートを切った。南山学園は間もなく上野町の新校舎に移転し、この建物はマリア会の神父が東山手で運営する海星学校に使われるようになった。

　1972年（昭和47）9月、海星学校は旧スチイル記念学校の校舎を長崎市に寄贈した。建物は解体され、2年後のオープンに間に合うようグラバー園に移築された。

ランドリーを経営

　スチイル記念学校は運営費の一部を確保するため、「スティール・インダストリアル・ランドリー」という洗濯屋を経営していた。英字新聞「ナガサキ・エクスプレス」の広告には、「私たちは、清らかな水道水だけを使用し、家庭的な方法をもって洗濯ものを天日干しにいたします」という宣伝文句が載っている。支配人のA・ピーターズ牧師は、同校の当時の校長である。

現在の旧スチイル記念学校 ①

大正初期のスチイル記念学校（東山学院）②

7 長崎伝統芸能館

「ナガサキ・クラブ」活動拠点跡に新設

伝統芸能館が建つ場所はその昔、「ナガサキ・クラブ」という外国人男性クラブの活動拠点だったところである。いまはグラバー園の出口として長崎をアピールしている。

いまはグラバー園の出口のアトラクション展示場に

　長崎伝統芸能館はグラバー園の出口であり、1981年(昭和56)に完成した現代的な建物である。旧グラバー住宅から降りたところにある。

　この細長い敷地は、もともと居留地の中にあった南山手4番地である。はじめて永代借地権(P.64参照)を取得したのは、トーマス・グラバーの弟のジェームズとアルフレッドだった。1933年(昭和8)にはリンガー家が土地を購入し、2階建ての家を居留地の男性会員が集う「ナガサキ・クラブ」(P.65参照)に貸していた。ナガサキ・クラブは太平洋戦争がはじまる前に解散したが、建物は戦時中、日本軍の救護施設として利用された。

　戦後、シドニー・リンガーは土地を長崎県共済組合に売り渡し、建物は長年「南山手荘」という宿舎として利用された。その跡地に長崎伝統芸能館が新しく建てられた。

1937年(昭和12)ごろ、南山手4番地の庭を背景に撮影された「ナガサキ・クラブ」会員の集合写真。前列左から3人めがシドニーの長男マイケル・リンガー、フレディとシドニーのリンガー兄弟、右端が倉場富三郎 ③
①著者撮影　②著者蔵　③長崎歴史文化博物館蔵

グラバー園への招待

53

「長崎明治村」構想にもとづき洋館の野外博物館を造る

「グラバー園」の歴史
観光名所として名称を公募して開園

観光名所の地盤を強化する

　1957年（昭和32）に三菱長崎造船所は、前身である長崎鎔鉄所の100周年記念として旧グラバー住宅を長崎市に寄贈した。翌年、旧グラバー住宅が一般公開されるようになると、たちまち長崎の華やかな和洋折衷文化の象徴として話題をよんだ。同年8月、イギリスの有名新聞「イラストレーテッド・ロンドン・ニュース」は、着物を着た若い日本人女性が旧グラバー住宅の前に立っている写真を載せた。その見出しは「日本、港に面する丘にて～マダム・バタフライの家、現在は地元の自治体に所有される」だった。

　その後、「マダム・バタフライ」のテーマは、長崎の観光産業を活性化させるために、標識やパンフレットその他の宣伝に広く使われた。日本経済が急速に回復する中、国内外の観光客や修学旅行生が長崎に押しかけて観光産業に力をつけていった。旧グラバー住宅は1961年（昭和36）に国の重要文化財に指定されたが、旧長崎居留地の歴史（P.58参照）とその住民たちの業績や人生は、「マダム・バタフライ」の陰に隠れたままだった。

　観光地のさらなる発展を企図した長崎市は、1965年（昭和40）に旧リンガー住宅を購入し、その周辺の庭や階段を整備した。旧リンガー住宅は1966年（昭和41）に国の重要文化財に指定され、同年10月に一般公開された。

　南山手の観光名所を確固たるものとするため、長崎市は1966年（昭和41）、4500万円あまりを投じて旧グラバー住宅の修復工事に着手した。1968年（昭和43）に工事が終わり、4月1日に施設の再スタートを祝う式典がおこなわれた。入園料は、大人が20円から50円、小人が10円から20円に引き上げられたが、観光客は増加の一途をたどった。

「長崎明治村」プロジェクト

　昭和30年代の半ばからはじまった高度経済成長期になると、都市開発と道路拡張に拍車がかかり、多くの貴重な歴史的建造物は取り壊される運命にあった。そんななか名古屋鉄道社長・土川元夫が、帝国ホテルの一部や長崎の南山手25番館など、取り壊し予定の歴史的建造物を集めた「明治村」という観光施設を愛知県犬山市に造った。犬山市の明治村は日本初のモダンなテーマパークとして大成功をおさめた。

1965年（昭和40）ごろの松ケ枝（まつがえ）駐車場。観光バスが列をなしている
（長崎全日空ホテル・グラバーヒル蔵）

1967年(昭和42)ごろのグラバー邸の観光パンフレット。旧グラバー住宅と旧リンガー住宅が一般公開されていた
(リチャード・ビュルグフェルト氏提供)

　この成功に触発された長崎市は1970年(昭和45)、明治期の建物を旧グラバー住宅周辺の南山手に移築し、新しいテーマパークを開設する計画を練った。犬山市の明治村にちなんで「長崎明治村」(仮称)と名づけられたが、2つの施設には大きな違いがある。犬山市の明治村は全国各地から移築された建物の博物館である。一方、「長崎明治村」は旧外国人居留地の現地に計画され、もともとの場所にあった建物と移築建物を組み合わせたものである。

　このプロジェクトは2段階で進められた。旧リンガー住宅に隣接する南山手14番地の旧オルト住宅が購入され、もともと南山手乙28番地にあった旧ウォーカー住宅をはじめ、数々の取り壊される寸前の洋風建築が移築された。錦鯉の池や壁泉、歩道が造られ、庭は手入れされた。また、当時は珍しかった、観光客を坂の上まで運ぶための「動く歩道」が設置された。大浦天主堂の近くに新しい入口が造られ、グラバー邸のもとの入口は出口となった。

　時期を同じくして、南山手のふもとに大きな近代的ホテルが建てられ、宿泊施設の不足が解消された。

全容を現した「グラバー園」

　長崎市は新しい施設名を公募し、190の案の中から「グラバー園」を選びだした。南山手に造成された3万平方メートルのグラバー園は、1974年(昭和49)9月4日に開園した。そして1981年(昭和56)、最後の建物である長崎伝統芸能館がくわえられた。年月が過ぎ、グラバー園は長崎では最も有名な観光名所に成長し、年間200万人もの観光客を歓迎してきた。

　1991年(平成3)、日本政府は南山手および東山手を「重要伝統的建造物群保存地区」に選び、独特な建築遺産の保存を決定した。グラバー園はこの保存地区の中核をなすものであり、日本の近代産業の発展に貢献した長崎居留地の歴史をかいま見ることのできる窓として、これからも重要な役割をになっていくことだろう。

特集 Ⅴ　長崎外国人居留地

最新の欧米文明が
日本の近代化をうながす

1892年（明治25）ごろの南山手から見た長崎港と居留地の町並み（著者蔵）
右にそびえる山は金毘羅山。そのふもとには寺の屋根が見える。筑後町から玉園町にかけての寺院群である。右の海岸線に出島が見える。港には大小の船がひしめき、町の繁栄をものがたる。右手前の町並みは大浦の居留地で、商社や外国領事館の洋風建築が建てこんでいる。大浦川には木造の弁天橋がかかっている。右端下の大屋根は妙行寺。左の口の字型の屋根はベルビュー・ホテル（現全日空ホテルグラバーヒル）である。

① 造成工事

長崎居留地はこうしてできあがった

10年におよぶ造成工事により、大浦、下り松、東山手、南山手、梅香崎に出島と新地をくわえた7地区、33万8000平方メートルの広大な外国人居留地が出現した。

長崎居留地のあゆみ

1857年（安政4）
居留地に大村藩領大浦戸町村が決まる

1858年（安政5）
5カ国との間に修好通商条約を締結

1859年（安政6）
長崎、横浜、箱館が正式開港
大浦の妙行寺に仮のイギリス領事館設置

1860年（万延元）
居留地造成工事開始

1861年（文久元）
外国人居留者が自治会と商業会議所創設
日本最初の英字新聞「ナガサキ・シッピング・リスト・アンド・アドバタイザー」創刊

1862年（文久2）
日本初のプロテスタント教会「英国教会堂」が東山手11番地に完成

1864年（文久4）
イギリス領事館が東山手9番地に新築移転

1866年（慶応2）
出島を外国人居留地に編入

1868年（明治元）
明治維新。新地を外国人居留地に編入

1869年（明治2）
出島橋、新大橋、梅香崎橋を架設

1870年（明治3）
下り松橋を架設。居留地造成工事完了

1899年（明治32）
条約改正により居留地が閉鎖され、外国人の市内雑居はじまる

1904年（明治37）
日露戦争の勃発により長崎の外国人人口が減少しはじめる

1928年（昭和3）
長崎における最後の英字新聞「ナガサキ・プレス」廃刊

土地の等級を定め、貸しだし対象を分ける

長崎居留地の場所として、町に隣接する大村藩領の大浦戸町村が選ばれた。1859年（安政6）7月1日に公式に開港されると、条約国の商人や技師、宣教師が次々と長崎を訪れるようになった。

居留地造成工事は6段階に分けておこなわれた。第1段階の造成工事は1860年（万延元）にはじまり、大浦の海岸が埋め立てられ、居留地の中央を流れる大浦川両岸に護岸工事が施された。

工事終了後の大浦地区はおよそ6万1000平方メートルに拡張され、31の区画に分けられた。そのうち、1番地から11番地までは「バンド」と呼ばれる海岸通りに面する一等地だった。貿易業者や領事館はバンドを借りる特権が与えられ、ホテルや酒場、食料品店などを経営する居留者には裏側の区画が貸しだされた。後背地の東山手と南山手は、住宅や学校の予定地にあてられた。

これらの区画地借地者リストが同年10月10日に作成され、イギリス領事ジョージ・モリソン、アメリカ名誉領事ジョン・G・ウォールシュ、ポルトガル名誉領事ジョセフ・H・エヴァンス、フランス名誉領事ケネス・R・マッケンジーらが署名した。

第2段階の造成工事には、大浦川南岸の埋立てと下り松地区の海岸通り建設が含まれていた。幕府は埋立て工事をになうとともに、必要な道路、橋、排水溝、石垣などの造成を承認した。その後、架橋工事などを経て居留地造成工事は1870年（明治3）に完了した。

長崎居留地の最初の区画地借地者リスト。「フロンテージ（海岸）」と「リアエージ（後背地）」の2列になっている。ウィリアム・オルトとトーマス・グラバーがそれぞれ大浦7番地と同21番地の借地権を確保している ①

①イギリス国立公文書館蔵

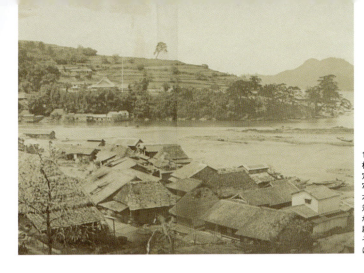

1860年(万延元)10月の大浦戸町村。イギリス領事館から居留地予定地の撮影を依頼されたスイス人写真家、ピエール・ロシエによる日本初のパノラマ写真。入り江の反対側には、最初のイギリス領事館がおかれた妙行寺と山手に広がる段々畑が見える。大きな松の木のそばにグラバー邸が建設されるのはこの3年後 ①

長崎居留地造成工事の流れ

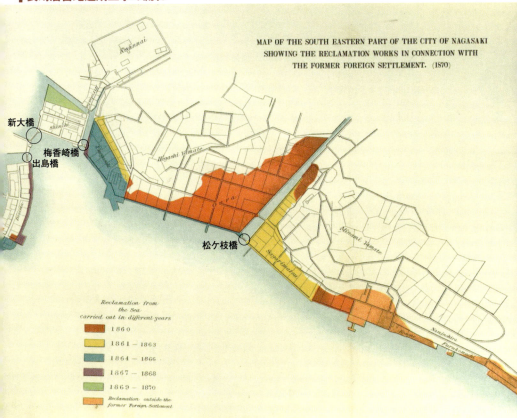

長崎イギリス領事館が作成したこの図は、6段階にわたって居留地造成工事がおこなわれたことを示している ①　　　　※橋の名前は著者加筆

長崎居留地の全体図

1899年(明治32)の居留地廃止時に作成された「旧外国人居留地」図。区画の番号などが記されている (イギリス国立公文書館蔵)

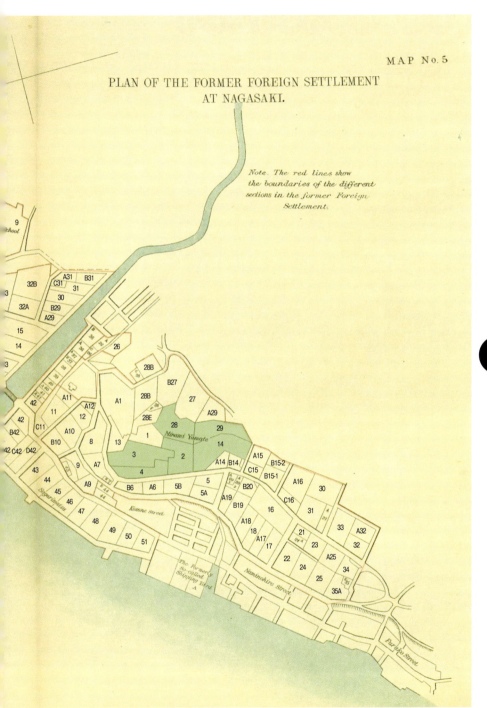

緑の部分が現在のグラバー園の敷地

グラバー園への招待 61 最新の欧米文明が日本の近代化をうながす

長崎居留地の移りかわり
明治、大正、昭和を映しだす

1868年(明治元)ごろの大浦地区。洋風の倉庫や商店が軒をならべている。老松が見える左上の建物はグラバー邸 ①

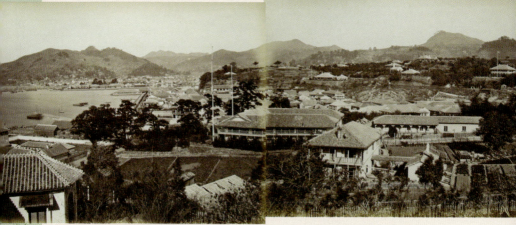

1868年(明治元)ごろ。中央の大きな建物はベルビュー・ホテル(現・長崎全日空ホテル グラバーヒル。P.72参照)。対岸に出島が見える ①

①グラバー園蔵　②著者蔵　③アメリカ国立公文書館蔵

大正時代の松ケ枝町。大浦川沿いには外国人経営の商店が軒を連ね、上方には大浦天主堂の白い尖塔が見える②

大正10年代の大浦海岸通り。手前から、ホーム・リンガー商会、イギリス領事館、アメリカ領事館。路面電車は1917年(大正6)に開通した②

1945年(昭和20)秋の大浦海岸通り。左の建物は三菱長崎造船所で建造中の戦艦「武蔵」のようすがうかがい知れないように造られた「目隠し倉庫」③

❷ 居留地のくらし

組織を作り、ふるさとを再現する

外国人居留者たちはルールや自治組織を作り、居留地の中にさまざまな権利に擁護された「特権都市」を築きあげた。そしてそこに母国を再現し、交流を深めていった。

長崎の英字新聞

日本初の英字新聞は、イギリス人のアルバート・W・ハンサードが1861年（文久元）6月に長崎で創刊した「ナガサキ・シッピング・リスト・アンド・アドバタイザー」（週2回発行）である。長崎港への出入船リストや広告が主で、海外情報や長崎のローカル情報も掲載されていた。

1870年（明治3）には、ポルトガル人のエフ・ブラガが「ナガサキ・エキスプレス」（毎週土曜日発行）を発行した。そして1897年（明治30）、フレデリック・リンガーが「ナガサキ・プレス」を創刊した。同紙は1928年（昭和3）に廃刊となった。

永代借地権と治外法権

居留地造成工事と並行して、外国人居留者の守るべき規則が各国領事によって作成された。その中には、借地権を取得した日から6カ月以内に建物を完成させなければならないこと、毎年末に日本政府に借地料を支払わなければならないことなどが記されていた。借地人は居留地内の土地を半永久的に借り受けることができる権利、すなわち「永代借地権」を日本政府から与えられていた。「治外法権」も居留地独特の制度である。たとえば、外国人居留者が日本で罪を犯した場合、日本の法律に問われることはなく、加害者の出身国の法にしたがって領事館で裁かれた。

居留地に建物が建ちならび人口が増えてくると、居留者たちは組織作りに着手した。1861年（文久元）4月に居留地の日常的な運営や日本当局との交渉をおこなう自治会が創設され、翌5月には第1回会議が開かれた。さらに、貿易の管理や密輸の防止をつかさどる商業会議所、東山手11番地に建てられた英国教会堂（P.68参照）と外国人専用墓地（大浦国際墓地）の管理委員会などが組織された。

長崎外港のねずみ島に遊ぶ外国人居留者たち。中央で寝そべっているのがグラバー、子犬を抱いているのがオルト ①

①長崎大学附属図書館　②長崎歴史文化博物館蔵　③著者蔵

母国と同じライフスタイルを守る社交行事

　外国人居留者たちは社交と休養を兼ねた数々の施設を造り、母国と同じライフスタイルを長崎の地でも踏襲した。伝統的なイギリス流の男性クラブ「ナガサキ・クラブ」は、その好例である。長崎ローウィング・アンド・アスレチック・クラブ(NRAC)は、毎年春にボートレースを開催し、小菅町にあったボートハウスで社交イベントを催した。大浦31番地のパブリックホール(公民館)は、会議場、外国軍艦隊のコンサート会場、ダンスパーティ、講演会場として活用された。

　時間とともに居留地は栄え、成熟していった。大浦海岸通りにはジャーディン・マセソン商会、大北電信会社、ホーム・リンガー商会などのりっぱな建物が立ちならび、裏通りや大浦川沿いにはホテル、倉庫、小売店、パン屋、仕立屋、船員を歓待する居酒屋などが軒を連ねていた。

下(さが)り松42番地にあったロシア商店の新聞広告 ②

1896年(明治29)、大浦26番地に開設した「シーマンズ・ホーム」。1940年(昭和15年)まで船乗りたちの休憩所としてにぎわった ③

グラバー園への招待

65

最新の欧米文明が日本の近代化をうながす

絵はがき美術館

お国ぶりがうかがえる領事館

イギリス領事館

1859年(安政6)、日本ではじめて大浦の妙行寺に仮領事館を開設。左の写真は1860年(万延元)に撮影 ①。旗竿にユニオンジャックが掲揚されている。その後、東山手9番地を経て大浦6番地に移転。太平洋戦争開戦により1941年(昭和16)閉鎖。1908年(明治41)に建て替えられた建物は現存し、国指定重要文化財となっている ②

ドイツ領事館

1889年(明治22)、梅香崎(うめがさき)4番地に開設され、1900年(明治33)、大浦11番地に移転。1914年(大正3)、第1次大戦勃発のために閉鎖、終戦後も再開されることはなかった ②

①イギリス国立公文書館蔵
②著者蔵

81 U.S.A. Consulate at Nagasaki. 長崎米国領事館

アメリカ領事館

1859年(安政6)、東山手12番地(上)に開設。南山手14番地(旧オルト住宅)から東山手12番地へ戻り、1921年(大正10)に大浦5番地へ(左)。太平洋戦争開戦により1941年(昭和16)に閉鎖された ②

中華民国駐長崎領事館の公印

中華民国20年(昭和6年) ②

The Nagasaki Russian Consulate. 長崎露国領事館

ロシア領事館

1876年(明治9)、南山手5番地に開設。1904年(明治37)の日露戦争勃発により一時閉鎖。1925年(大正14)からソ連領事館となり、1932年(昭和7)に閉鎖された ②

③ 長崎居留地の学校

教育に力をそそいだ外国人宣教師

東山手のミッションスクールは宣教師の自宅教室からはじまった。その後、日本の公立校との協力体制ができあがり、長崎独特のゆたかな教育環境が確立されていった。

長崎游学マップ⑤

教育にも力を入れた教会

米国聖公会のC・M・ウイリアムズ牧師は1862年（文久2）、東山手11番地に日本初のプロテスタント教会である「英国教会堂」を建てたが、これは外国人信者のみに利用されていた。

長崎居留地に造られた最初のカトリック教会は、南山手1A番地の大浦天主堂だった。この準ゴシック様式の大聖堂は、パリ外国宣教会のフランス人神父の指導のもと、のちにグラバー邸、オルト邸、リンガー邸を手がけた大工棟梁・小山秀之進によって建設され、1864年（元治元）12月に完成した。

長崎に足場を築いた宣教師や修道士らは、布教活動はもちろん、外国人居留者や日本人の子どものための教育活動にも力をそそぐようになっていった。

禁教令解除を機にミッションスクールが林立

開港後も徳川幕府が17世紀から実施していたキリシタン禁制下にあったため、外国人宣教師は居留地以外で布教活動を展開することができなかった。1873年（明治6）になって、ようやく日本政府は欧米諸国の要求に応じて信仰の自由を許した。

禁教令が解かれると、宣教師たちは居留地のそれぞれの自宅に日本人の生徒を集めて授業をおこなった。そのひとり、メソジスト監督教会の宣教師ジョン・デビソンは1873年に長崎に来住し、活水女学校と鎮西学院を東山手に設立するために奔走した。また、アメリカ改革派教会の宣教師ヘンリー・スタウトは、有名な教育者として知られる前任のガイド・フルベッキの任務を引き継ぐために来日し、ミッションスクールを創立した。

長崎居留地初のカトリック系男子校は、1892年（明治25）にマリア会のフランス人修道士らによって創立された海星学校だった。校名は古い聖歌「アベ・マリス・ステラ（めでたし、海の星）」に由来するという。3年後、同校は長崎港を見下ろす東山手1番地の高台に移転したが、1898年（明治31）に完成した荘重なロマネスク様式の校舎は、長崎居留地に新たな歴史と文化をくわえた。

同じくマリア会の修道士が運営するカトリック系女子校のマリア園は、海星学校の校舎が東山手に完成したのと同じ1898年（明治31）、南山手16番地に開校した。

明治20年代に入ると、東山手の18区画のほとんどすべてにミッションスクールの校舎や宣教師住宅が建ちならんでいたので、この地区は「ミッショナリーヒル（宣教師の丘）」とよばれるようになった。

海星学校のグローバル教育

ミッションスクールでは、居留地の子どもたちが日本人の同期生と膝をまじえて勉強した。そしてその後、日本の公立校と外国人経営のミッションスクールが協力しあい、この町独特のゆたかな教育環境が確立されていった。

『海星百年史』には、海星学校に入学した生徒について次のように記されている（原文のママ）。

大浦天主堂。1910年（明治43）ごろ ①

View of Oura, Nagasaki　近附校學星海岸海浦大

大浦地区の屋根越しにミッションスクールが建ちならぶ東山手を望む。丘の上の建物が海星学校。左端には高い煙突のあるホテル・デ・フランスが見える。中央の大きな建物は孔子廟の本殿。1905年(明治38)にここで開校した「長崎華僑時中学校」も長崎の多彩な教育の一端をになった ①

最新の欧米文明が日本の近代化をうながす

「長崎の町全体は活気を帯び、市内の各方面に目まぐるしい転換変貌が次ぎ次ぎと起った。在住外国人の数も、市の総人口も急激に増加した。ことにロシア人やフランス人の増加が目立った。明治3年以来閉じられていたフランス領事館がまた開かれるようにもなった。長崎のそうした変貌は海星の生徒の数と無関係ではなかった。ことに外国人の小学生を教育している学校は海星だけだったから、あちこちから子供を海星に寄宿させたがる外国人が多かった。小学生が急に40名も増加した。そんなわけで、ワルテル校長は無理をしてまでも日本人の予科本科の教育課程を充実させる必要は、さしあたってなかったのであった。ただ、ロシア人の子弟が増えたので、ロシア語の時間を作り、南山手のロシア教会の司教さんに教えに来てもらうことにした。(中略)生徒数はこの年(明治34年)7月226人。9月206人。それが年末の12月には232人となっている。その内小学生は50名ほどであった。その中には数名の日本人児童もいた」

　海星学校の校長はフランス人だったが、1938年(昭和13)に日本人でははじめて川上延一郎が校長に就任した。他のミッションスクールと同様、太平洋戦争前や戦時中は海星学校も憲兵隊の厳しい取り締まりに悩まされたが、戦後は長崎で主要な教育機関のひとつになった。

居留地のミッションスクールはいま

　1950年代、海星学校は東山手9番地にあった東陵高校(旧東山学院)の建物と、現在はグラバー園に移築保存されている旧スチイル記念学校の校舎を取得した。1990年(平成2)に明治時代の校舎は取り壊され、創立100周年記念事業の一環として以前の建物を彷彿させる重厚な新しい校舎が完成した。

　東山手にある活水学院も、2009年(平成21)に創立130周年記念式典をおこなった。

　マリア園は1950年(昭和25)に幼稚園と養護施設を有するイエズス修道会清心修道院となったが、レンガ造り3階建てのロマネスク様式の建物は、現在もグラバー園の近くで優雅な姿をとどめている。

①著者蔵

国際色ゆたかな洋式ホテル

ベルビュー・ホテル
幕末に南山手11番地で開業。長崎最古の洋式ホテルのひとつ ①

ジャパン・ホテル
左　：1900年(明治33)に大浦25番地で開業。1937年(昭和12)、火災で建物焼失 ①
下　：本館に隣接する石垣の上にあったジャパン・ホテル別館 ①
左下：ジャパン・ホテルのダイニングルーム ①

ゴールデン・イーグル・ホテル
弁天橋のたもとで開業。居酒屋を兼ねており、長崎一長いカウンターで有名だった ①

ナガサキ・ホテル
1898年(明治31)に大浦43〜45番地で開業。経営はフレデリック・リンガー ①

ホテル・デ・フランス
1902年(明治35)に大浦33番地で開業。手前の建物は現存する孔子廟の門 ①

クリフ・ハウス・ホテル
南山手10番地で開業。ウィルソン・ウォーカーが経営 ①

カイダホテル
大浦14番地で日本人が開業。居留地最後のホテル ①

①著者蔵

長崎居留地の盛衰
華やかな歴史をささやきつづける

修好通商条約を結ぶ

イギリスのアヘン戦争における圧倒的な勝利や東アジアへの進出は、徳川幕府が数百年にわたり維持してきた鎖国政策が存続不可能なことを知らしめた。1858年（安政5）、ついに幕府はアメリカ、イギリス、ロシア、フランス、オランダと修好通商条約を結び、長崎、神奈川（現・横浜）、箱館（現・函館）、神戸、新潟の5つの港を開港した。これらの開港場では海外貿易が許され、外国人が自由に活動できる居留地造りが認められた。

居留地が長崎にもたらした経済効果はかなり大きかったが、一方で、海外貿易はすべて居留地内でおこなわれていたため、富の量はむしろ外国人のほうが多かった。治外法権に守られた外国人居留者は商売上、日本政府の干渉を受けることがなかったからである。それはたとえていえば、イギリスのリバプールやアメリカのサンフランシスコの一部を日本の西の端に縫いつけたようなものだった。

彼らは石炭のほかに茶葉、タバコ、樟脳、コメ、陶磁器などを輸出し、機械類から九州の鉄道建設に使う鉄材、織物、灯油、化学薬品、砂糖、氷、ウイスキー、キューバ産の葉巻にいたるまで、多種多様なものを輸入した。

居留地閉鎖後の長崎

居留地は欧米の最新の技術や情報、制度やシステムを日本が取りこむ際の拠点として貢献していたが、明治政府は不平等条約（五カ国修好通商条約）を解消し、欧米諸国と同等の公平な条約の締結を切望していた。1894年（明治27）7月、明治政府はイギリスとの間で条約の改正に合意し、その後、アメリカをはじめ他の条約締結国とも同様の合意に達した。

治外法権が廃止された結果、長崎居留地は横浜や神戸とともに公式には存在しなくなった。しかし、当時の長崎は、観光客の激増や日清戦争、米西戦争、義和団事件などに関連して軍事・経済活動が活発におこなわれており、国際貿易港としての地位を保っていた。長崎居留地は法的には廃止されたものの、独特の社会組織と和洋折衷の洋風建築が建ちならぶ地区として生き延びることができた。

ところが、1904年（明治37）にはじまった日露戦争が、長崎居留地を衰退へと向かわせることになる。長崎は戦地に近接していたため戒厳令がしかれ、貿易船の入出港が制限され、これまで長崎港が独占してきた外国船への石炭補給も、門司や博多など他の港にゆずらざるをえない状況に追いこまれたのである。

旧居留地の人口は徐々に減りはじめ、日本人の家族や企業が空き家を使うようになった。ひとつの象徴的なできごとは、幕末期に大浦で発行され、数ある英字新聞の中でも最後まで残った「ナガサ

画家・田川憲が1961年(昭和36)に制作した「居留地の海」
(著者蔵)

キ・プレス」が1928年(昭和3)に廃刊になったことである。

失って得た一級の資産

　1941年(昭和16)12月8日の太平洋戦争開戦により、旧長崎居留地における国際貿易の長い歴史に終止符が打たれた。1945年(昭和20)8月15日にこの戦争が終わると、原爆によって壊滅的な打撃を受けた長崎からは、かつての繁栄と国際色が嘘のように消えてなくなってしまった。

　だが幸いなことに、全盛期には790棟あったといわれる居留地の洋風建築は爆心地から離れていたので、多くは破壊されずに残った。

　居留地の建物には、和洋中の様式が入り混じった建築文化が見てとれる。山手の家々はインドのカルカッタや香港のコロニアル風建築を参考に、高いドアと窓、暖炉や絨毯の敷ける床を設け、そこに住む欧米人のニーズに応えるように設計されていた。

　しかし、これらの住宅は日本人の棟梁が日本の建材と工法を駆使して建てたものであり、日本瓦の屋根と和風の小屋組み、漆喰壁、尺貫法による柱間計画といった伝統を踏襲している。結果は予期せぬ建築の融合となり、開国後間もないころの日本人と欧米人のコラボレーションをみごとに具現化したものとなっている。この和洋折衷の建築様式は、洋風建築(和の度合が強い場合は擬洋風建築ともいう)、異人館、洋館、長崎では「オランダ屋敷」とよばれた。

　外国人住民は戦後に戻ってくることはなかったし、残された建物の大部分は昭和30年代から40年代に押し寄せた再開発の波にのみこまれてしまった。現在、居留地時代の建物は20分の1ほどしか残っていない。しかし、すりへった石畳や石段、空き地に自生する外来種の草花やその他過去の名残が華やかな歴史をささやきつづけている。

あ と が き

　本書の作成にあたって、長崎総合科学大学教授林一馬先生に多大なご協力とご助言をいただきました。心から感謝申し上げます。

　本書の原稿（英文）の和訳は長男バークガフニ大海が手伝ってくれました。また、グラバー、リンガー、ウォーカーとオルト家の子孫の方々および長崎の関係者の皆様には、これまでの研究の中で惜しみないご協力をいただきました。深く感謝の意を表します。

　観光客に人気を集めるグラバー園の目玉のひとつに、ハート形の石があります。旧グラバー住宅付近の敷石に近年埋められた二つのこの石は、見つけた人に幸運を与えるといわれています。筆者はそれに加えて、この石は、ここ南山手でかつて展開されていた異文化の平和的共存を象徴するものだと思っています。さらに、長崎における新しい時代の国際交流を予感させるものになってほしいと願っています。

2010年　師走

ブライアン・バークガフニ

参考文献

レイン・アーンズ著『長崎居留地の西洋人』長崎文献社　2002年

レイン・アーンズ／ブライアン・バークガフニ共著『時の流れを超えて―長崎国際墓地に眠る人々』長崎文献社　1991年

木下孝著『長崎に眠る西洋人(稲悟真寺・大浦・坂本国際墓地)～長崎国際墓地墓碑巡り』長崎文献社　2009年

小林勝著『長崎の明治洋館』小林勝発行　1993年

坂本勝比古著『明治の異人館』朝日新聞社　1965年

重藤威夫著『長崎居留地と外国商人』風間書房　1967年

内藤初穂著『明治建国の洋商～トーマス・B・グラバー始末』アテネ書房　2001年

「重要文化財旧グラバー住宅修理工事報告書」長崎市　1968年

「重要文化財旧リンガー(弟)住宅修理工事報告書」長崎市　1973年

「重要文化財旧オルト住宅修理工事報告書」長崎市　1979年

長崎市教育委員会編『長崎居留地～伝統的建造物群保存対策調査報告書』長崎市教育委員会　1989年

長崎市教育委員会編『東山手、南山手の歴史的遺産を町づくりに生かすために』長崎市教育委員会　2004年

長崎市教育委員会編『長崎古写真集～居留地篇』長崎市教育委員会　1995年

長崎県立長崎図書館編『郷土史料叢書[四]「幕末・明治期における長崎居留地外国人名簿」』　2004年

菱谷武平著『長崎外国人居留地の研究』九州大学出版会　1988年

ブライアン・バークガフニ著『花と霜―グラバー家の人々』長崎文献社　1989年　2004年改訂版

ブライアン・バークガフニ著『蝶々夫人を探して』(株)クリエイツかもがわ　2000年

ブライアン・バークガフニ著『華の長崎―秘蔵絵葉書コレクション』長崎文献社　2005年

ブライアン・バークガフニ著『霧笛の長崎居留地―ウォーカー兄弟と海運日本の黎明』長崎新聞社　2006年

ブライアン・バークガフニ著『リンガー家秘録 1868-1940』長崎文献社　2014年

ブライアン・バークガフニ著『長崎偉人伝T.B.グラバー』長崎文献社　2020年

山口光臣著『長崎の洋風建築』長崎市教育委員会　1967年

アレクサンダー・マッケイ著『トーマス・グラバー伝』中央公論社　1997年

W.G. Beasley, *Great Britain and the Opening of Japan 1834-1858*, Japan Library, 1995

Brian Burke-Gaffney, *Starcrossed: A Biography of Madame Butterfly*, EastBridge, 2004

Brian Burke-Gaffney, *Nagasaki: The British Experience, 1854-1945*, Global Oriental UK, 2009

James E. Hoare, *Japan's Treaty Ports and Foreign Settlements: The Uninvited Guests, 1858-1899*, Japan Library, 1994

C. Pemberton Hodgson, *A Residence at Nagasaki and Hakodate in 1859-1860*, Richard Bentley, 1861

Alexander McKay, *Scottish Samurai: Thomas Blake Glover 1838-1911*, Canongate Press, 1997

M. Paske-Smith, *Western Barbarians in Japan and Formosa in Tokugawa Days, 1603 1868*, J.L. Thompson and Co., 1927

Harold S. Williams, *The Story of Holme, Ringer & Co., Ltd. In Western Japan, 1863-1963*, Charles E. Tuttle Co., 1968

編著者プロフィール

ブライアン・バークガフニ（Brian Burke-Gaffney）

長崎総合科学大学教授。

1950年カナダ生まれ。

1972年来日、翌年より約9年間、京都の妙心寺専門道場などにおいて禅の修行。

1982年、長崎市に移り住み、長崎市嘱託職員を経て1996年より現職。

1992年、外国人としてはじめて長崎県民表彰受賞。

2007年、博士号（学術）取得。

2008年からグラバー園名誉園長。

2016年、「2016年度長崎新聞文化賞」受賞。

研究テーマは、旧長崎居留地に関する歴史社会学的研究。

おもな著書：『霧笛の長崎居留地：ウォーカー兄弟と海運日本の黎明』（長崎新聞社、2006年）、
『華の長崎：秘蔵絵葉書コレクション』（長崎文献社、2005年）、
『リンガー家秘録』（長崎文献社、2014年）、
『長崎偉人伝T.B.グラバー』（長崎文献社、2020年）、ほか

Nagasaki Heritage Guide Map
長崎游学マップ❺
グラバー園への招待

発行日	2010年12月24日 第1刷　2011年6月1日 第2刷　2014年4月20日 第3刷　2019年9月1日 第4刷 2022年12月15日 第5刷
編著者	ブライアン・バークガフニ Brian Burke-Gaffney
発行人	片山 仁志
編集人	堀 憲昭
発行所	**株式会社 長崎文献社** 〒850-0057 長崎市大黒町3-1-5F TEL. 095-823-5247　FAX. 095-823-5252 ホームページ https://www.e-bunken.com
印 刷	オムロプリント株式会社

©2010 Nagasaki Bunkensha, Printed in Japan
ISBN978-4-88851-321-0 C0021
◇禁無断転載・複写
◇定価は表紙に表示してあります。
◇落丁・乱丁本は発行所宛お送りください。送料小社負担にてお取り替えいたします。

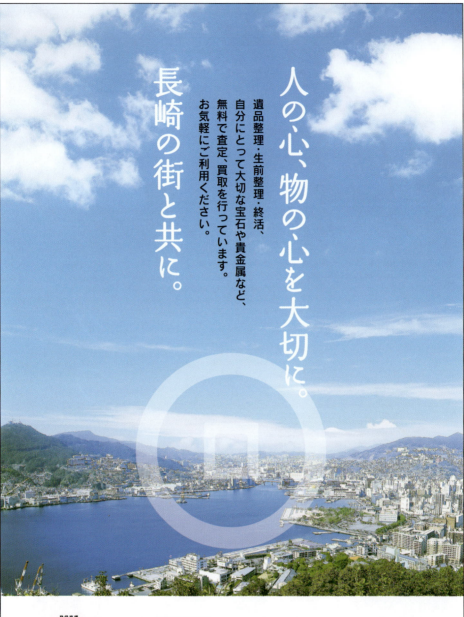

人の心、物の心を大切に。

遺品整理・生前整理・終活、自分にとって大切な宝石や貴金属など、無料で査定、買取を行っています。お気軽にご利用ください。

長崎の街と共に。

長崎市大黒町3-15〈駐車場完備〉
☎095-822-1111

長崎市浜町7-4 NAビル2F
☎095-824-7777

長崎市浜町7-4 NAビル1F
☎095-822-5001

佐世保市常盤町8-8 富士ビル1F
☎0956-24-3330

http://www.zeniyahonten.co.jp

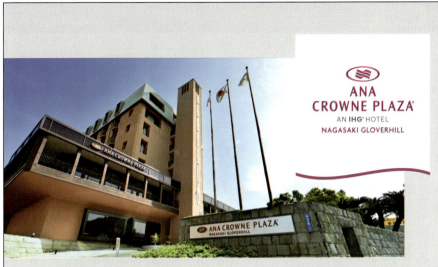

ビジネスも観光も、
最上の寛ぎを旅の思い出に。

クラウンプラザの世界基準のサービスとANAホテルの
ホスピタリティで、ビジネスでも観光でも旅の思い出と
なるような最上のご体験をご提供します。

ANA CROWNE PLAZA NAGASAKI GLOVERHILL
ANAクラウンプラザホテル長崎グラバーヒル

〒850-0931 長崎市南山手町1-18
Tel 095-818-6601
www.anacrowneplaza-nagasaki.jp

よろこびがつなぐ世界へ
KIRIN

おいしいとこだけ搾る、
特別なビールです。
一番搾り

キリングループ(※)は、
九州の食・旅・人を応援します。
※キリンビール(株)九州統括本部・キリンビバレッジ(株)西日本統括本部
・メルシャン(株)西日本支店

ストップ！20歳未満飲酒・飲酒運転。お酒は楽しく適量で。妊娠中・授乳期の
飲酒はやめましょう。あきびんはお取扱店へ。　　キリンビール株式会社 長崎支店

好評既刊 長崎游学シリーズ

（表示価格は税込）

① 原爆被災地跡に平和を学ぶ
落下中心地、浦上天主堂から原爆柳まで
長崎文献社編
A5判／48頁　1100円
978-4-88851-322-7

② 長崎・天草の教会と巡礼地完全ガイド
長崎県・天草カトリック教会139と主な巡礼地100ヵ所を紹介
長崎文献社編
A5判／103頁　1760円
978-4-88851-092-9
＊韓国語版　A5判／68頁　800円

③ 長崎丸山に花街風流 うたかたの夢を追う
「長崎丸山」の歴史的背景を解説
山口広助
A5判／56頁　880円
978-4-88851-091-1

④ 軍艦島は生きている！
「明治日本の産業革命遺産」で世界遺産に
軍艦島研究同好会監修 長崎文献社編
A5判／72頁　880円
978-4-88851-094-3

⑤ グラバー園への招待
日本のあけぼのを展望する世界文化遺産
ブライアン・バークガフニ
A5判／82頁　1100円
978-4-88851-156-8

⑥ 「もってこーい」長崎くんち入門百科
全踊町の演し物、傘鉾・シャギリ・踊り師匠も紹介
長崎くんち塾編著
A5判／120頁　1100円
978-4-88851-321-0

⑦ 島原半島ジオパークをひと筆書きで一周する
国内初の「世界ジオパーク」に認定された島原半島のポイントをガイド
寺井邦久
A5判／97頁　1100円
978-4-88851-174-2

⑧ 「日本二十六聖人記念館」の祈り
日本二十六聖人記念館監修
長崎西坂の丘に建つ記念館のすべて
長崎文献社編
A5判／78頁　1100円
978-4-88851-173-5

⑨ 出島ヒストリア 鎖国の窓を開く
「小さな島の大きな世界」を解説
長崎文献社編
A5判／94頁　1100円
978-4-88851-184-1

⑩ 三菱重工長崎造船所のすべて
「史料館」に見る産業遺産
長崎文献社編
A5判／110頁　1100円
978-4-88851-205-3

⑪ 五島列島の全教会とグルメ旅
絶海の列島で生きた人々の歴史はドラマに満ちている
下口勲神父監修
長崎文献社編
A5判／152頁　1100円
978-4-88851-228-2

⑫ ヒロスケ長崎ぶらぶら歩き
まちなか編～町に人あり、人に歴史あり
山口広助
A5判／100頁　1100円
978-4-88851-259-6

⑬ ヒロスケ長崎 のぼりくだり
長崎村編 まちを支えるぐるり13郷
「ぶらぶら歩き」からエリア拡大
山口広助
A5判／148頁　1650円
978-4-88851-273-2

⑭ 長崎文学散歩
文学作品ゆかりの場所をめぐるガイドブック
作家たちに愛された長崎を歩く
中島恵美子
A5判／104頁　1100円
978-4-88851-309-8

⑮ 歩く楽しむ長崎街道
シーボルト、吉田松陰、そして象も歩いた道
全行程57里は今どうなっているのか徹底取材
長崎楽会編
A5判／94頁　1320円
978-4-88851-374-6

ウェブサイトもどうぞ

長崎文献社

〒850-0057 長崎市大黒町3-1-5F
TEL 095-823-5247　FAX 095-823-5252